Der GUSTLOFF entronnen in LÜBECK angekommen

INHALTSVERZEICHNIS

I 1) Gedichte 4

2) Fiktive Briefe

a) an meine Mutter und Gisela 10

b) an meine Nichte Francoise und ihren Sohn Benjamin 12

c) an meinen Vater 14

II noch in DANZIG

1) Ein Kriegserlebnis 17

2) Lothars (Bruder) Rolle in Danzig 19

3) Narwik-Lager und Lothar bei Oma in Danzig 23

III Abtransport von Danzig Richtung Westen

a) GAGER-Lager auf Rügen 27

b) GÖHREN auf Rügen 32

IV FLENDER-Lager II in Lübeck (7 Jahre!) 36

1) Fiktiver Brief an Gisela 48

2) Tante Lotte und ihr Kindergarten 50

V Reflektionen über Gewesenes – Neustart in richtiger Wohnung

1) Das *Wunder von Paris* 54

2) Fiktiver Brief an Großneffen Benjamin 57

3) Fiktiver Brief an Bruder Lothar 59

4) Erinnerungen von Gisela und Traute 60

5) 50er Jahre im Flender-Lager II in Lübeck-Siems 66

Biografisches 79

Weihnacht 1946

Weißt Du noch zu Hause,
als im Kerzenschimmer
erstrahlte unser liebes, wohlvertrautes Zimmer?
Doch von all dem Lieben
ist ein Trümmerhaufen nur geblieben.
Uns're Heimat mußten wir verlassen,
uns're lieben, alten Gassen
und feiern jetzt
in der Ferne unser Weihnachtsfest.
Die Kerzen leuchten nicht mehr wie daheim,
es ist, als leuchteten sie nur zum Schein,
rühren nicht mehr uns're Herzen,
dringen nicht so tief hinein.
Und doch soll auch für uns heut'
Weihnacht sein.

Gisela Bach

Dieses Gedicht hatte meine liebe älteste Schwester Gisela (*1924 - †1990) nach unserer Flucht aus Danzig extra für mich gedichtet, damit ich es am Weihnachtsabend bei unseren „Wirtsleuten" (= die Besitzer von Hotel *Fortuna* in Göhren auf Rügen – wir sind dort nach der Flucht aus Danzig gelandet – für 3 Jahre) aufsagen konnte. Sie hatten meine Familie abends zu sich eingeladen. Die Wirtin, Frau Parchow, war zu Tränen gerührt, als ich das Gedicht aufgesagt hatte (ich war 6 Jahre jung).

Dieses Gedicht werde ich immer in Ehren halten.

ORIGINAL des von Gisela in Sütterlin geschriebenen Gedichtes

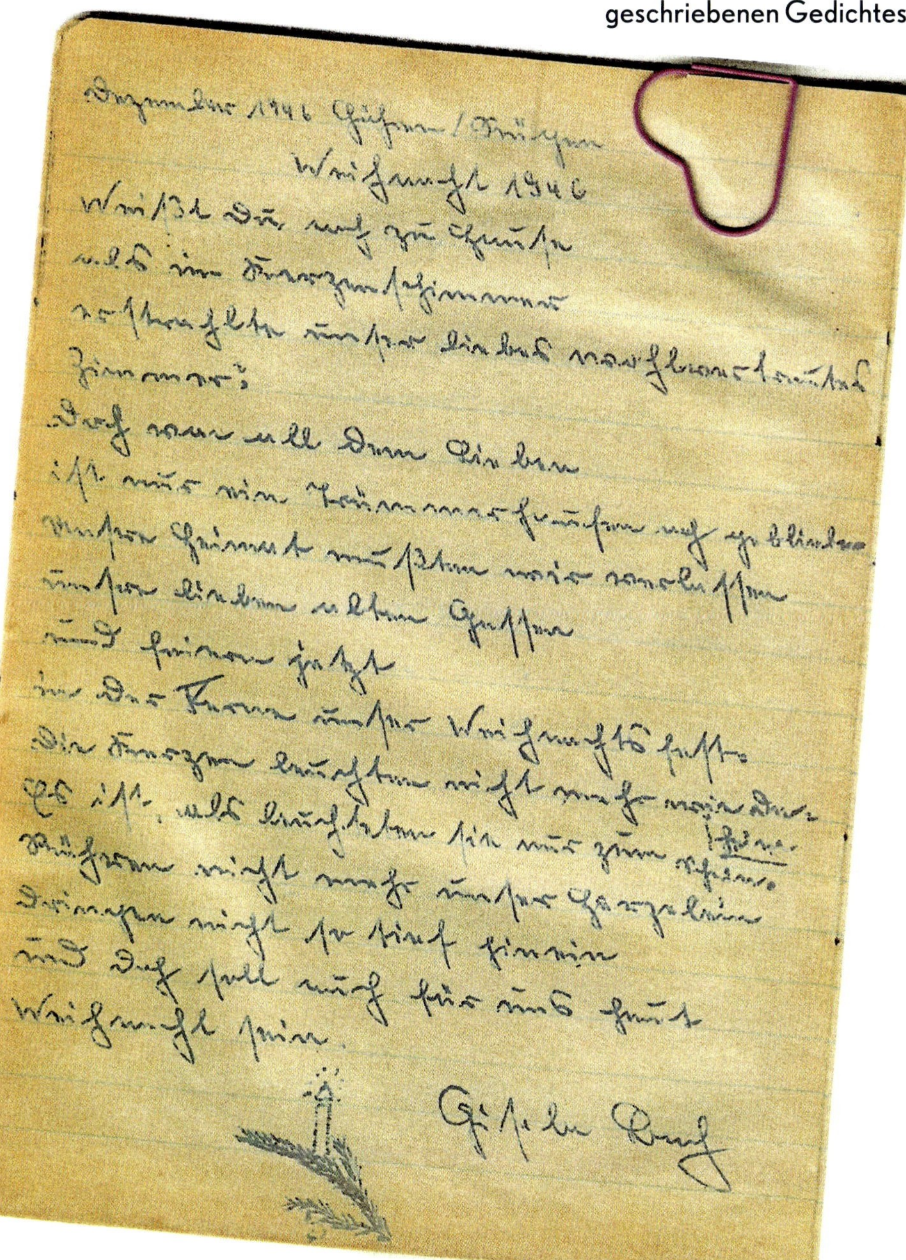

Eines von Giselas Gedichten – aus ihrem Diarium *Meine Gedichte* – geschrieben auf Rügen 1947

In Gedanken

Ganz allein im Zimmer
sitze ich am Fenster
und bewundere den Abendsonnenschimmer,
der sich im Meere widerspiegelt.
Der Wind weht warm, die Luft ist lau.
Das sonst so wilde Meer, es ist ganz still,
nur ein leises Rauschen, das mir etwas sagen will.
Doch weiß ich nicht,
singt es von Hoffnung und vom Glück
oder singt es mir ein Trauerlied?
Hat's genommen, was mir so teuer und so lieb?
Ich könnt's nicht fassen, es dürfte nicht sein.
Doch das Schicksal ist hart, und ich füge mich drein,
noch keiner ist seinem Schicksal entronnen.
Es ist alles bestimmt,
vielleicht wird auch er einmal wiederkommen.

Gisela Bach

Giselas Gedicht NACH der Nachricht, dass Jupp mit dem U-Boot untergegangen ist.

Ein U-Boot

Ein U-Boot kehrt nicht mehr heim.
Dieses U-Boot birgt den Liebsten mein.
Es fuhr in den harten Kampf hinaus
und kehrte nicht wieder nach Haus'.
Es riss mir Herz und Seele wund
bei der Nachricht, dass es ruht auf Meeresgrund.

AUSZUG aus Muttis *Lebensgedicht*,

das sie nach der Flucht 1948 in Göhren auf Rügen zu Papier brachte.
*** ***...doch nach fast 2 Jahren zog der Krieg unseren Vater ein und wir bleiben allein.***

Er war in Polen und Frankreich dabei
Und vernahm durch das Radio,
dass unsere Bärbel da sei,
das gab einen Urlaub, der viel Freude uns brachte,
doch bald war eine Woche vorbei,
dann musste er wieder in Frankreich sein.

Als die Schlacht mit den Franzosen war geschlagen,
da durftest Du nach Hause fahren,
es währte aber nicht lange,
da wurde uns schon wieder bange,
denn Du wurdest für den Feldzug nach Russland bestimmt.

Der Abschied fiel schwer
Und 5 Kinderherzen bangten sehr,
ob wohl der Vater auch
bei der ersehnten Rückkehr wär'.

Der Krieg war hart,
und was wir alle nicht konnten fassen,
dass wir unsere liebe Heimat mussten verlassen.
Der Pole hat uns hinausgejagt
Mit Knüppeln bis in die Bahn gebracht.
Und als der Zug sich setzte in Bewegung,
wir allen waren voller Erregung.
Als letzten Gruß, der Heimat zugewandt,
von uns allen das traurige Lied erklang:
Nun ade, du mein lieb Heimatland.

Auf der Fahrt ins Ungewisse
Hatten wir viele traurige Erlebnisse,
wir wurden geplündert von den Polen,
und auch der Russe wollte sich was holen.

Man stellte uns auf ein totes Gleis
und ließ uns warten, wie lange? Wer weiß,
wann eine andere Maschine
uns bringt auf das richtige Gleis.

Nach ein paar Tagen dann
brachte man uns dem Ziele näher heran.
Es traf ein schweres Los die Armen,
die einen Toten unterwegs mussten begraben.
Man hat uns dann bald wieder ausgeladen,
durch einen dunklen Wald
in ein Lager verschlagen.
Der lange Weg, er wollte nicht enden,
die Last war schwer,
man wollte sie werfen aus den Händen.
Doch einer dem anderen Mut zusprach.
Und weiter ging's, man hatte kaum Kraft,
bis wir es endlich hatten geschafft.
Dort war es so weit,
dass der Hunger uns kam zu Leibe,
ich musste auf die Suche geh'n,
um einen Kanten Brot für M. 50,-- zu ersteh'n
Auch waren wir nicht sicher
vor dem schrecklichen Ungeziefer.

Von diesem Lager aus
fuhren wir dann bald wieder hinaus.
Man brachte uns nach Lauterbach,
von dort ein Schiff uns übersetzte
ins GAGER-Lager – das „verflixte",
denn dort mussten wir erleben,
dass man sehr wenig uns nur konnte geben.
Wirklich musste man von Glück noch reden,
dass Gisela uns blieb am Leben ... ***

Fiktiver Brief an meine Mutter und meine älteste Schwester Gisela

Meine liebe Mamutschka, meine liebe Gisela,

euch beiden bin ich sehr dankbar für eure – für die Bach'sche Nachkommenschaft so wertvollen Aufzeichnungen!

Danke für dein Lebens-Gedicht, *liebe Mutti, und für dein kleines Flucht-Tagebuch, liebe Gisela, das du direkt während der Flucht mit einem kleinen Bleistiftstummel (den du offenbar irgendwo* erwischen *konntest) aufgezeichnet hattest. – Diese Aufzeichnungen von euch beiden sollen mir beim Schreiben der Chronik als* Leitfaden *dienen. An ihnen will ich mich – was den zeitlichen Ablauf betrifft – orientieren und dann zu den jeweiligen Ereignissen meine persönlichen Erlebnisse und Erinnerungen mit einbauen und kommentieren. –*

Oh ja, meine liebe Gisela – ich weiß noch genau, wie es Weihnachten bei uns in Danzig zu Hause war! Ganz deutlich sehe ich unser Weihnachtszimmer von damals noch vor mir – den herrlich geschmückten Tannenbaum mit seinen vielen bunt-schillernden Kugeln und Vögeln. Das Zimmer erstrahlte in vollem Lichterglanz – und alle Gesichter strahlten, und wir *Kleinen* konnten es nicht abwarten, bis wir unsere Pakete, die liebevoll verpackt unter dem Tannenbaum lagen, öffnen durften. – Als wir dann Weihnachtslieder sangen und in dem Lied *Am Weihnachtsbaume die Lichter brennen* die Stelle an der Reihe war: *2 Engel sind hereingetreten* … – ging plötzlich die Tür auf, und ihr beide, du und Traute, tratet ein – weiß gekleidet und mit einer kleinen *Krone* auf dem Kopf. Ihr beide hattet es dann übernommen, diese Strophe zu Ende zu singen. Schöne Erinnerungen! Aber das alles war ja bereits IM Krieg – ich wurde im Januar 1940 geboren (also 5 Monate nach Kriegsbeginn), aber es war alles immer noch so herrlich friedlich – jedenfalls eine Weile noch … –.

Doch dann spürte man auch als Kleinkind, dass sich einiges veränderte, dass die Erwachsenen ängstlicher und aufgeregter wurden. Da hieß es plötzlich abends: ***Kinder, zieht bloß die Verdunkelung zu! Es könnte Fliegeralarm geben. Der Feind darf uns nicht an unseren Fensterlichtern erkennen.*** *Der FEIND* … WER war es… WAS wollte er?

SO sah Giselas kleines *Flucht-Tagebuch* aus (alles in Sütterlin geschrieben):

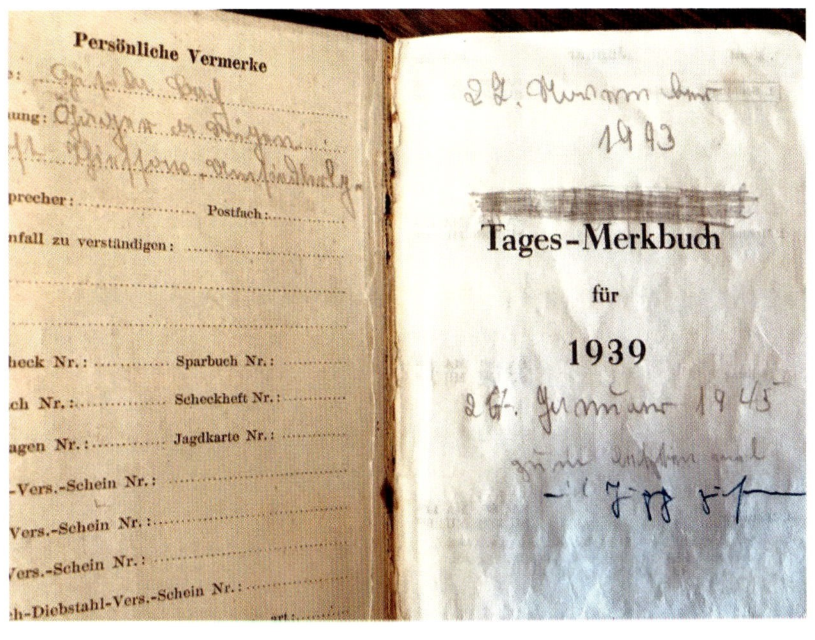

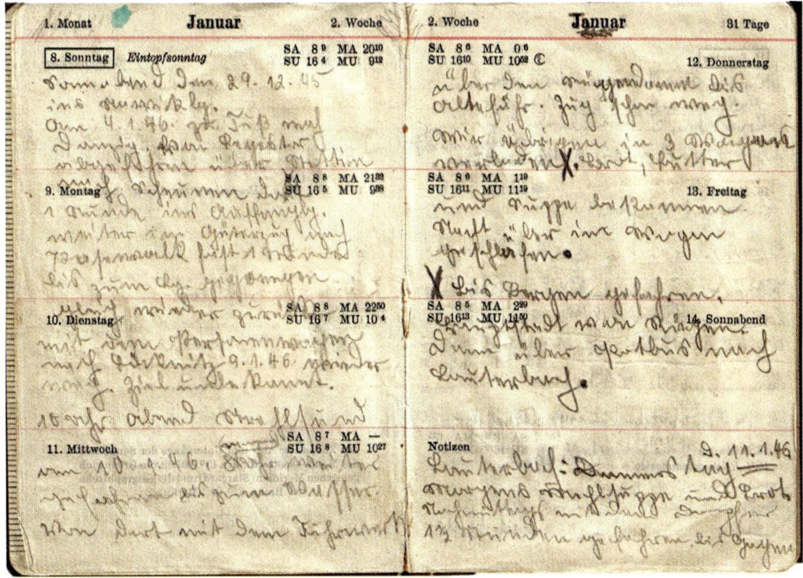

Fluchttagebuch

Und du, meine liebe Mamutschka, erwähnst in deinem Gedicht das Treffen mit dem deutschen Soldaten (es muss ein Kriegsheimkehrer gewesen sein). WIE deutlich sehe ich diesen Menschen – sein hageres, trauriges Gesicht – vor mir. Wie oft schaute er Dieter und mich an, die wir bei dir standen, liebe Mutti. Der Soldat hielt einen Brotkanten (Knust – wie man hier sagt) in einer Hand. Wahrscheinlich wird er ihn kurz vorher von irgendjemandem geschenkt bekommen haben. Er hatte selber Hunger. – Du, liebe Mamutschka, flehtest ihn an: „Bitte, geben Sie mir den Brotkanten für meine beiden Kleinen!" – Aber für die 50,-- RM hätte der Soldat sich in der damaligen Zeit ohnehin nichts kaufen können – es gab ja nichts mehr! Er murmelte etwas wie „Ich habe auch Hunger". Doch er schaute immer wieder uns beide, Dieter und mich, an. Dann taten wir beide ihm wohl so leid, dass er doch den Kanten Brot für Muttis letzte 50 Mark hergab. – Mutti bedankte sich viele Male, brach den Kanten in 2 Teile – eines gab sie Dieter, eines mir. Sie selbst aß keinen Krümel von dem Brot, obwohl sie der Hunger ebenfalls quälen musste. Wir Kinder waren deine größte Sorge, liebe Mutti, du musstest immer wieder versuchen, uns wenigstens ein wenig oder für eine kurze Zeit lang satt zu bekommen. .... – WIE – WOMIT – WOHER nehmen ...!?! – Es war eine harte Zeit für die Mütter damals. Sie mussten lernen, aus nichts etwas zu zaubern. SIE waren wirkliche *Power-Frauen* – schafften es immer wieder, aus praktisch Nichts etwas zuzubereiten –.

Gisela und Traute, unsere beiden älteren Schwestern, halfen tüchtig mit so gut sie konnten, aber... *zaubern* konnte in der Tat niemand. So wurde der Hunger unser aller täglicher Begleiter –.

Fiktiver Brief an Francoise und Benjamin (vom 26. Oktober 2016)

Hallo, liebe Francoise, lieber Benjamin,

ihr beide hattet mich schon vor langer Zeit und immer intensiv darum gebeten, ein wenig aus der *Familiengeschichte* zu plaudern – vor allem aus der Kriegszeit und der Zeit unserer Flucht von Danzig. Kopf und Herz sind voller Erinnerungen – GERADE aus DER Zeit ... – zwar eine kurze, aber besonders intensiv erlebte.

WIE am besten anfangen – ja, das ist gar nicht so einfach zu entscheiden. Es gibt so viel zu berichten, aber ich beginne jetzt einfach mit einem Tag in Danzig, als die Zeiten noch friedlich waren, ganz besonders noch zur Weihnachtszeit. In der Adventszeit war es in unserer Familie immer so gemütlich und heimelig.

Immer wenn die ersten Kekse gebacken wurden, wussten wir Kinder: Jetzt gibt's bald wieder eine Weihnachtsüberraschung – leckere Kekse, leckeres Essen, Fondant-Konfekt am Tannenbaum, das später aufgenascht werden durfte.

Welche Heimlichkeit erfüllte alle Räume – und so viele spannende Düfte! Wir waren ja fünf Kinder – die drei *großen* und wir zwei *kleinen* – also Gisela, Traute und Lothar und Dieter und ich. Gisela war für uns beiden Kleinen fast wie eine zweite Mutter – sie war immerhin 16 Jahre älter als ich. Von ihr kann ich euch sagen, dass ich keine bessere Geschichten-Erzählerin (vorgelesene UND selbst ausgedachte Geschichten) kenne als sie es war.

Weihnachten besorgten *die Großen* immer eine große, sehr schöne Tanne. Wir beiden Kleinen durften beim Schmücken die unteren Zweige mit Lametta schmücken – das taten wir mit Inbrunst und Hingabe! Ganz vorsichtig hingen Gisela, Traute und unsere Mutter die bunt-schillernden Weihnachtskugeln an den Baum. Darunter gab es auch einige in Vogel-Form – die mochte ich zu gern! Und während die großen Geschwister weiter fachmännisch den Baum dekorierten, *half* ich unserer lieben Mamutschka in der dufterfüllten Küche beim Ausstechen der Plätzchen. Dieter zischte zwischendurch 'mal durch die Küche und stibitzte sich ein wenig vom Kuchenteig – er durfte es sogar! Ich weiß noch, dass unsere Mutter immer gern den Marmorkuchen buk. Und jedes Jahr wieder stritten Dieter und ich uns um die Schüssel mit dem Schokoladenteig. Beide wollten wir diese Schüssel gern ausschlecken … Unsere liebe Mamutschka fand immer einen Weg, uns wieder zu *friedlichen Geschwistern* umzustimmen, die lernen sollten, gerecht zu teilen –.

Der schönste Moment war gekommen, wenn wir zur Bescherung ins Zimmer durften. Dieser Anblick des Baumes! Nicht nur die Kerzen leuchteten, sondern die angezündeten Wunderkerzen strahlten wie Sterne am bunt geschmückten Weihnachtsbaum. Kugeln und Lametta glitzerten, und auf den Zweigen lockten die bunten Kringel und Schokoladen-Sterne, die aber NOCH nicht probiert werden durften!

Schon vorher in der Küche hatten wir beim Backen so viel vom Teig genascht, dass wir eigentlich kaum mehr hungrig sein konnten. Mir machte es immer besonderen Spaß, aus den beim Keksteig-Ausrollen übrigbleibenden Resten irgendeine Figur mit den Händen zu formen. Meistens wurde es ein Weihnachtsmann, dem zuletzt noch *Knubbel-Knöpfe* auf seinen Mantel *montiert* wurden. Manchmal entstanden auch fantasievolle Tiere. Na ja, nur man selbst wusste, WELCHES Tier das Knet-Resultat eigentlich darstellen sollte. Die anderen mussten mehr oder weniger raten.

Aber nun, liebe Francoise und lieber Benjamin, will ich euch etwas anderes, für unsere Familie sehr Entscheidendes zu erklären versuchen. Dazu habe ich schon eine Idee:

Ich kopiere euch jetzt einen fiktiven Brief von mir an meinen Papa hier hinein. Wenn ihr den gelesen habt, werdet ihr so manche Zusammenhänge – WIE es mit unserer Familie SO gekommen ist – verstehen. Die Kriegsereignisse hatten unsere 7-köpfige Familie völlig *umstrukturiert.*

Im Folgenden also mein fiktiver Brief an meinen Vater, Emil Bach. <<Dieser ist – zum Verständnis für das weitere Schicksal unserer Familie – besonders aussagekräftig>>:

Fiktiver Brief an meinen Vater (vom 7. Juni 2015)

Lieber Papa, immer wieder versuche ich, deinen Schritt zu verstehen. Nun sind es schon über 60 Jahre her, da deine Entscheidung fiel. Mir ist bewusst, es waren außergewöhnliche Zeiten, außergewöhnliche Ereignisse. Nun aber, lieber Papa, schilderte mir Lothar euer Gespräch über all das für mich so verzwickt Scheinende. Ich erfuhr von ihm auch, dass du bei all deinen Erklärungen hemmungslos weintest und schluchztest. – WIE kam es zu der Trennung von euch beiden, Mutti und dir, die ihr doch 25 Jahre verheiratet gewesen seid und fünf gemeinsame Kinder hattet. Ich, Bärbel, euer *Nesthäkchen* hätte es dich eigentlich gern direkt gefragt. DAS ist nun zu spät. Ich bereue das. Lothar vertrautest du an, dass du nie in deinem Leben eine so schwere Entscheidung zu treffen hattest: Nach deinen Fronteinsätzen in Polen, Frankreich und Russland gerietest du schwer verwundet (Lunge, Bein) in englische Gefangenschaft und kamst nach Lübeck. Aus dieser Gefangenschaft gelang dir die Flucht. Vorher erhieltest du von einem Mitgefangenen die Adresse einer Kriegerwitwe, die mit ihren zwei schulpflichtigen Söhnen in Lübeck lebte. Bei dieser fandest du dann Unterkunft. Sie versorgte deine Wunden und versteckte dich erfolgreich, als man nach dir suchte. Sonst hätte es für dich als aus der Gefangenschaft Geflohener fatal werden können. DAS und dass du dann mit dieser Kriegerwitwe auch noch eine Tochter bekamst, führte dazu, dass du dich letztendlich für diese Frau entschiedest. – Lieber Papa, danke, dass du in Lübeck sofort alle erdenklichen

Schritte unternommen hattest, uns wiederzufinden, bei der Suchdienststelle im Rathaus und bei div. Rote-Kreuz-Stellen. Mutti hatte dir als letzte Nachricht aus Danzig mitgeteilt, dass sie froh war, 5 Karten für die WILHELM GUSTLOFF ergattert zu haben, dass sie mit diesem Schiff unbedingt mit uns Kindern Danzig verlassen wollte. – Da in allen Suchlisten der Überlebenden nirgendwo unsere Namen auftauchten, stand für dich fest, dass wir, wie die meisten der Gustloff-Passagiere, diese Schiffskatastrophe nicht überlebt hatten. – Doch dann, lieber Papa, wie musst du froh darüber gewesen sein: Ein Freund aus Danzig versicherte dir in einem Brief, dass er aus zuverlässiger Quelle wisse, dass wir alle NICHT die Gustloff bestiegen, sondern 3 Tage vor deren Abfahrt die Karten abgegeben hatten und in Danzig geblieben sind. – Ich danke dir auch dafür, Papa, dass du dann sofort alles Erforderliche für eine Familienzusammenführung unternahmst und es dir dadurch gelang, eine von der englischen Besatzung gestempelte Zuzugsgenehmigung für uns zu erhalten. Weißt du, Lothar zeigte mir einen Brief von dir, datiert vom 25. September 1945, den du an deine Mutter – unsere liebe Oma – und an Lothar nach Danzig geschickt hattest. Mit deinen Schilderungen darin wird mir die ganze Odyssee unserer Familie klarer.

Ach, mein lieber Herr Papa, du glaubst gar nicht, wie wir uns schon auf dich freuten. Endlich hatten wir einander wiedergefunden. Nun würden wir bald wieder als vollständige Familie zusammenleben – glaubten wir damals. Als wir dann in Lübeck ankamen, ging es für uns nicht – wie von dir in einem Brief versprochen und von uns mit Freude vernommen – in ein Haus mit Garten, sondern in eine der hässlichen Wellblechbaracken vom Pöppendorf-Lager. Von dort aus verlegte man uns ins Flender-Lager. Du hast es ja noch mitbekommen, wie wir anfangs mit vielen Menschen in einem großen Saal untergebracht wurden, versorgt mit Strohsäcken und Wolldecken, und wie allmählich mehr Komfort bei uns einzog. Der große Saal wurde durch provisorische Wände aufgeteilt. Zunächst wohnten 4 Familien, dann 2 in einem Raum, bis endlich jede Familie einen Raum (so ca. 3 x 8 m) bewohnen konnte. Ja, Papa, LIEBER hätte ich in dem Garten vor dem Haus gespielt, das du uns avisiert hattest … – doch daraus wurde ja nichts. Stattdessen bekam ich – als ich 12 Jahre alt war – eines Tages mit, dass meine älteren Geschwister von *Scheidung* sprachen … Niemand sagte mir direkt etwas davon, aber als ich das Wort vernahm, bekam ich Gänsehaut und in meinem Kopf tobten die Gedanken nur so. Meine liebe Mamutschka … – meine arme, kleine, so überaus liebe Mamutschka! Papa, ich wäre damals glücklich gewesen, hättest du diesen Schritt ihr und uns erspart. Aber ich verurteile dich deshalb nicht. So etwas bringen Kriege mit sich. Es muss AUCH DIR unendlich schwergefallen sein. Weißt du, was ich in meiner Verzweiflung tat? Verzweiflung darüber, meiner Mutter, deiner Frau, nicht helfen zu können: In meiner länglichen Staedler-Buntstiftdose, in der ich manchmal mein Kakaogeld für einen Kino-Besuch in Herrenwyk sparte, fand ich noch 60 Pfennige. Damit ging ich zum Kaufmann um die Ecke und kaufte eine kleine silberfarbene Tüte Nachtigall-Kaffee. Dieses Tütchen legte ich Mutti, als sie schon aus der Baracke war, unter ihre Bettdecke aufs Kopfkissen. Wie gern trank sie Kaffee! Kaffee aber war damals Luxus! Ach, lieber Papa! Wenn DU Mutti hättest erleben können, als sie von eurem für euch beide so furchtbaren Scheidungstermin zurückkam! Ich bin ganz allein in unserem Zimmer. Die Zimmertür öffnet sich, Mutti tritt ein, völlig verhärmt. Sie scheint durch mich hindurchzusehen, steuert geradewegs auf die Brennhexe zu, nimmt den Feuerhaken und schlägt kräftig auf den eisernen Herd ein.

Dann wirft sie den Feuerhaken aus der Hand, dreht sich um und torkelt auf das untere Hochbett zu. Sie wirft sich bäuchlings über das Bett und wird von Weinkrämpfen geschüttelt. NIE zuvor habe ich Mutti SO hemmungslos weinen sehen. Wie gelähmt stehe ich vor ihr und kann nicht einmal weinen. – DAS, Papa, war für Mutti nach all dem Grausamen und all den Schrecken, die sie vorher im Nachkriegs-Danzig und auf der Flucht mitgemacht hatte, der härteste Schlag. NIE konnte sie diesen Schritt verkraften. Nie auch wollte sie sich neu binden. Du weißt ja so gut wie ich, dass Mutti eine streng gläubige Frau war und die Ehe für sie bis nach dem Tod Bestand hatte.

Aber, lieber Papa, der Krieg ist der Hauptverursacher so vieler miserabler Entwicklungen. Doch ich danke dir, dass du immer bemüht warst, uns in dieser *Elendsbehausung* – so gut es ging – zu versorgen. Danke, dass du uns oft besucht hast, zu Weihnachten, zu Muttis Geburtstag, selbst zum Muttertag. Für alles, was du für uns getan hast, für alles, was du hergabst und was ja doch auch ein Zeichen deiner Liebe zu uns allen war, möchte ich dir danken, lieber Papa, ja, auch für die 2,-- DM, die du mir und Dieter immer, wenn wir dich in deiner schönen weißen Villa am Riesebusch in Bad Schwartau besuchten, in die Hand drücktest. Deine Worte klingen noch heute in meinen Ohren nach: „Kauft euch dafür mal ein paar leckere Knubbel-Kirschen“.

Mein liebes Papà-chen: Ich hab’ dich gern.

Deine Bärbel

Ein Kriegserlebnis

Fünf Jahre war ich damals alt. Fünf Jahre – das heißt fragen, fragen, fragen. Es gab damals viel mehr zu fragen als in *normalen* Zeiten. Die Erwachsenen aber hatten keine Antworten mehr – oder sie wollten keine haben. Sie waren sehr beschäftigt – mit ihren eiligen, gefährlichen und geheimnisvollen Dingen, die ihnen der Augenblick vorschrieb. „Warum, Mutti, warum?" – „Sei still, Kind" ist ihre Antwort, „frag' nicht so viel"…

Danzig – früh im Jahre 1946 – es ist Nacht. Mondlicht durchflutet den engen Raum. Kalkweiß leuchtet das Fensterbrett, kalkweiß die Tür. Dort ist die Türklinke, ein kurzer schwarzer Balken nur.

Wir sind froh, ein Dach über dem Kopf zu haben. Das Haus ist fast völlig zerstört, aber diese kleine Kammer ist uns geblieben. An der Wandseite, der Tür gegenüber, liegen wir eng beieinander auf dem Fußboden, vergraben in ein paar wollene Decken – unsere liebe Mamutschka, mein ein Jahr älterer Bruder Dieter und ich. Nur mein fünf Jahre älterer Bruder Lothar hat seinen Platz auf dem alten, verbeulten Sofa. Zwischen ihn und die Wand hat sich eine meiner Schwestern geklemmt. Sie, Traute, ist 14 Jahre alt. Die Decke hat sie sich über den Kopf gezogen. Unsere älteste Schwester, Gisela, 19 Jahre alt, hatte sich unter dem Sofa versteckt. Das musste sie tun. Ich sehe es noch deutlich vor mir, wie sie vor ein paar Tagen von polternden, fremden Soldaten im Unterrock aus dem Bett gezerrt und weggeschleppt wurde … –. Ein paar Tage zuvor war es ein betrunkener Mongole, der versucht hatte, mich – ein Kleinkind – fortzureißen. Doch das ist alles überstanden.

Jetzt liege ich ganz nah bei meiner Mutter. Bei ihr bin ich geschützt. DAS hoffe ich, das glaube ich, ich WILL es glauben. Wir schlafen nicht – wir tun nur so, als ob wir schlafen. Die Luft ist dumpf und stickig, irgendwie fast wie elektrisch geladen. Noch gellt mir der langgezogene Hilfeschrei einer Frau in den Ohren, der vor einer halben Stunde auf der Straße erstarb: „Hiiiilfe, Hiiilfe, Kommandantur!" Immer wieder diese Schreie in der Nacht! Dann höre ich plötzlich Männerschritte – Stiefelschritte über das harte Pflaster. Und jetzt ist es ganz still. Wir wagen kaum zu atmen. Wie lange liegen wir so?

Und plötzlich – wieder Schritte. Sie kommen näher, jetzt sind sie ganz dicht unter unserem Fenster – vorbei! Gottseidank – sie sind vorbei. „Werden sie noch einmal kommen, die Leute mit den Stiefeln?", frage ich in die Stille hinein. „Ruhe da!" zischt mein Bruder vom Sofa her. Ach, hätte ich nur nicht gefragt. Meine Stimme hat sie zurückgerufen. Sie kommen mit lauten, grölenden Stimmen. Ich zittere am ganzen Leibe. Mein ein Jahr älterer Bruder, der auf der anderen Seite unserer Mutter liegt, weint. – Sind wir verraten? Ich schmiege mich noch enger an meine Mutter. „Sie sind fort!" sagt mein älterer Bruder, aber ich glaube ihm nicht! Denn ich höre ein rohes Lachen im Hausflur. Ich starre auf die Türklinke, diesen kurzen dunklen Balken. Sehe ich richtig? Die Klinke bewegt sich langsam nach unten. Ich kneife meiner Mutter in den Arm. Ich sehe ihre Augen – weit aufgerissen vor Entsetzen. Und dann passiert alles ganz schnell: Die Tür fliegt auf. Ein Riese wankt ins Zimmer. Er hält sich keuchend an der Wand fest. Im Mondlicht sehe ich seinen kantigen Schädel und die breiten Schultern. „He!!" ruft er, „hee, maaatka, komm' mit, raboootatj!" „Nein!", antwortet meine Mutter, „ich komme nicht mit" – Wieder der Riese: „Matka, komm' mit oder ich schießen!" – Da blitzt eine Taschenlampe auf. Ihr Lichtkegel irrt suchend durch den Raum, bis er meine Mutter trifft. Erbarmungslos tastet er ihre zusammengesunkene Gestalt ab.

Mit einem Schritt steht er vor ihr, der Fremde, Angsteinflößende. „Du Frau, schöne Frau, komm mit!". Der Lauf seiner Pistole fährt ihr ins Gesicht. „Schieß doch!" schreit Mutti in ihrer Angst und Verzweiflung. Sie ist am Ende ihrer Kraft. Ich spüre in mir nur einen einzigen Schrei: „Nein, nein – bitte nicht das, er darf unsere liebe Mutti nicht erschießen!" – Hat er die Angst in meinen Augen lesen können – hat ihn der Anblick erweichen können? – Denn jetzt geschieht das Wunder: Der Riese lässt ganz langsam seine Hand sinken. Mit unsicherem Griff schiebt er die Waffe in seine Ledertasche, die er am Gürtel trägt. Er dreht sich um und geht leise aus der Tür. – Ich kann meine Tränen nicht mehr zurückhalten – lautes Schluchzen begleiten sie.

„Was war das?" frage ich verwirrt. Und meine Mutter – sie, die auf keine meiner Fragen mehr hat antworten können, antwortet: „Das war ein MENSCH", sagt sie, „noch immer ein Mensch". Ich verstehe das nicht, aber der Klang ihrer Stimme gibt mir meine Ruhe zurück und bald danach endlich den Schlaf.

Damals hatte ich sie nicht verstanden …

Am nächsten Vormittag erlebten wir eine Überraschung: Jemand klopfte an unsere Tür: Ein fremder Soldat – er hielt zwei Beutel mit geröstetem

Brot in den Händen – einen gab er meinem Bruder Dieter, einen gab er mir. – ER muss es gewesen sein – er, der immer noch Mensch geblieben war –.

Warum **Lothar** noch **bei Oma** in Danzig(-Neufahrwasser) blieb:

Mutti und wir restlichen 4 Kinder wurden im Güterzug von den Polen aus Danzig aus dem Narvik-Lager abtransportiert.

Zum einen: Lothar liebte seine Oma (Mutter von Papa) SO sehr, dass er ihr oft sagte: „Oma, solange DU lebst, bleibe ICH bei dir."

Zum anderen: Oma wusste, dass Mutti 5 Kinder in der Lage nicht satt bekommen konnte. Sie sagte: „Du kannst schon 4 Kinder nicht ernähren!" Sie ermahnte Mutti auch, dass sie ja alle nicht wüssten, WOHIN sie abtransportiert werden würden. Es könnte sein: Nach Sibirien; denn sehr viele von den Flüchtlingen wurden damals ins grausige Sibirien transportiert. Wir hatten dann aber doch das große Glück, in den Westen zu kommen.

Zu Lothar sagte Oma noch: „… und wenn die angekommen sind, dann schick' ich dich hinterher – mit dem Zug" (damit meinte sie natürlich, wenn wir irgendwo im Westen angekommen sind – also NICHT in Sibirien). – So einigten sich Mutti und Oma, dass Lothar erst einmal noch bei ihr in Danzig bleiben solle (daher dieses traurige *Zaun-Erlebnis* im Narvik-Lager. Näheres dazu folgt an späterer Stelle).

Lothar organisiert als Zehnjähriger Lebensmittel aus den Trümmern:

Wegen der vielen Vergewaltigungen durch die fremden Soldaten durften unsere beiden älteren Schwestern, Gisela und Traute, sich nicht auf die Straße wagen. Deshalb organisierte Lothar – erst 10 Jahre alt – Lebensmittel aus den Trümmern der zerbombten Häuser in unserer Gegend. Irgendwann einmal kam er aber damit zurück, als wir schon nicht mehr dort waren.

Die ganze Umgebung roch nach Abgebranntem – den Geruch kann ich heute noch nachspüren. Lothar versuchte, in so viele Keller zu gelangen wie nur möglich. So manches Mal wurde er fündig – zu seiner und vor allem zu unserer aller Freude: Blechdosen, Einweckgläser, kleine Tüten mit Grieß, Mehl oder Zucker – alles stopfte er schnell in seinen Rucksack. Dabei musste er sich ganz vorsichtig vorpirschen, damit nicht evtl. locker gewordene Trümmer-Reste auf ihn herabfielen. – So half unser *kleiner großer Bruder* uns allen über die recht vielen Hunger-Phasen hinweg. Noch heute bin ich ihm dankbar dafür. Zum Glück konnte ich ihm das auch noch zu seinen Lebzeiten sagen. Vermutlich stammte auch die kleine Tüte mit dem Traubenzucker von seinen *Raubzügen*: Bei einem Bombenangriff, als wir alle dicht gedrängt im Luftschutzkeller hockten, holte Lotharchen aus der Innentasche seines

Mantels eine kleine Tüte hervor. Dieter und ich schauten schon neugierig und aufgeregt zu ihm, welche Schätze er da wohl hervorholen würde. Ich sehe noch Lothars schmunzelndes Gesicht vor mir. Unsere Neugier gefiel ihm, und extra langsam zögerte er das Hervorholen seines Schatzes ein wenig hinaus. Traubenzucker war es! Und DAS in DER Zeit! Er schob Dieter und mir je 1 Teelöffel davon in unsere, ihm dicht entgegenkommenden Münder – und NOCH einen Teelöffel voll und NOCH einen – hmmmm! Welch ein Hochgenuss! Er selbst verzichtete auf eine Probe. Den Rest bewahrte er für uns, die *beiden Kleinen* der Familie auf. – Lothar, mein liebes Brüderchen, du warst bis zuletzt ein wahrer Goldschatz! Wie gut, dass ich dir in unseren letzten Telefongesprächen noch oft ein DANKE sagen konnte.

Eines Tages passierte es dann, dass Lothar uns mit seinen mitgebrachten Schätzen nicht mehr zu Hause antraf: Dieses Mal hatte er keine selbst organisierten Futteralien in seinem Rucksack. Er war wieder einmal für drei Tage bei seiner geliebten Oma in Danzig-Neufahrwasser. Sie wollte Lothar nie mit leeren Händen zu uns nach Danzig-Langfuhr zurückschicken. Also ging sie mit ihm zu Fuß nach Sasbe zu Onkel Klemens und dessen Familie. Diese lebte dort noch etwas *ländlich*. Sie hatten Hühner und Gänse und 2 Schweine. Onkel Klemens gab ihnen beiden so viele Lebensmittel mit, wie er und seine Familie entbehren konnten. – Mit reichlich gestopftem Rucksack zog Lothar dann los zu uns in Richtung Danzig-Langfuhr – das alles zu Fuß! Er kam seinem Ziel näher und näher. Auf einer Brücke – bereits in Langfuhr – traf er einen Verwandten, einen Jungen etwas älter als er. Dieser sagte zu Lothar: „Du brauchst gar nicht zu euch nach Hause zu gehen – die haben alle Häuser in der Magdeburger Straße abgebrannt". Lothar wollte das nicht glauben und ging weiter. Es stimmte: Alles lag in Trümmern. In unserem Haus stand nur noch die Stahl-Treppe. Lothar wagte sich heulend hinauf. Er schrie lauthals: „Maama, Paapa, wo seid ihr?!?!". Dabei wusste er natürlich, dass unser Vater aus seinem Fronteinsatz in Russland noch gar nicht zurückgekehrt war. – Er schrie sich einfach verzweifelt seinen Schmerz aus der Seele – ein ZEHNJÄHRIGER –.

Eine Nachbarin von gegenüber hörte seine Schreie. Sie nahm sich sofort seiner an. Frau Owzian – so hieß sie – nahm Lothar seine schwere Last ab und ging mit ihm in ihre Wohnung. Sie bereitete ihm eine Tasse Tee und gab ihm etwas zu essen. Dann berichtete sie ihm, dass wir alle mit Gepäck nach Oliva gegangen seien. In Oliva stand das Geburtshaus von Lothar (in der Steinstr. 6). Hierzu ein kleiner „Abstecher":

Ich erinnere mich sehr gut an unseren gemeinsamen Fußmarsch von Langfuhr nach Oliva. Wir gingen ganz plötzlich alle los: Mutti mit Koffer und großer Tasche, Traute mit einem Koffer in einer Hand und Dieter an ihrer anderen, Gisela auch mit einem Koffer und mit mir an der anderen Hand. Unterwegs stillten wir unseren Durst an einer Wasserpumpe. Von weitem sahen wir tote Pferde auf der Erde liegen – einige sahen ganz rot aus. Die Menschen schnitten sich Fleisch aus ihren Leibern, um überleben zu können. Außerdem erinnere ich mich deutlich an einen jungen, toten Soldaten, der am Wegrand lag. Sein Gesicht war blau-schwarz. Schnell hielt Gisela ihre Hand vor meine Augen – ich sollte es nicht sehen – aber ich SAH es… sehr deutlich. Werde diesen Anblick nie los! – So viel zu unserem Abschied von Langfuhr nach Oliva. Über unsere Ankunft und unseren kurzen Aufenthalt dort werde ich noch berichten.

Lothar wollte von Frau Owzian aus zunächst zu unserer Oma zurück, natürlich war er fix und fertig. Den schweren Rucksack durfte er so lange bei Frau Owzian lassen. Dann machte er sich auf den Weg zurück zum Fischmeisterweg nach Neufahrwasser. DIE Häuser gibt es heute nicht mehr! Das entdeckte ich einmal mit Lothar, als wir beide 2010 in Danzig waren und auch schon vorher – in den 80er Jahren –, als ich mit Traute dort war.

Am Telefon erzählte Lothar mir, dass er, nachdem Frau Owzian ihn so freundlich bewirtet und getröstet hatte, zurück durch die Magdeburger Straße gelaufen sei, dann durch die Laubenkolonie (das müsste in Schidlitz gewesen sein) zu unserer Tante Hannchen. Nach dieser „Stipp-Visite" lief er immer an den Bahnschienen entlang bis nach Neufahrwasser. Bei Oma angelangt, konnte er nur… weinen. Und so reagierte unsere liebe Oma: „Komm' her, mein Jungchen!". Nach reichlichen Trost-Umarmungen fragte sie Lothar, was er essen möchte. DAS war unsere liebe Oma – von Lothar SO sehr geliebt!

Eine 2. Episode ähnlicher Art:

In Oliva fanden wir in Lothars Geburtshaus in der Steinstr. 6 nach unserem langen, gemeinsamen Fußmarsch (Mutti, Gisela, Traute, Dieter und ich) in dem fast völlig zertrümmerten Haus doch noch ein von den Bomben verschont gebliebenes Zimmer. Aus der Zeit in dieser vorübergehenden Unterkunft berichte ich in „*Ein Kriegserlebnis*". Doch nach einer Weile konnten wir auch dort nicht länger bleiben. Marodierende fremde Soldaten kreuzten in der Gegend immer öfter auf. Nachts hörten wir sehr oft langgezogene, laute und schrille Frauen-Schreie: „Hiiilfe, Hiiiilfe, Kommandantuuur!"

Zum Glück erfuhren wir von ehemaligen Nachbarn, dass es in Langfuhr ganz in der Nähe unserer alten Wohnung ein freies Zimmer gebe, und zwar in der Herbert-Norkus-Straße Nr. 1. Es lag in der 2. Querstraße, die von unserer Magdeburger Straße rechts abging. Dort war es gleich das erste Haus rechts. In diesem Haus, in dem früher eine deutsche Familie wohnte, die dann geflüchtet war, lebte außer uns noch eine polnische Mutter mit ihrem erwachsenen Sohn Zwawek. Küche und Bad durften wir mitbenutzen. Vor unserem Zimmer gab es noch eine Veranda.

Ich erinnere mich auch noch daran, dass unsere Familie sich damals so gut es ging noch um einen herrenlosen Hund kümmerte. Wir nannten ihn *Luchsi*. Er hatte seinen Schlafplatz auf der Veranda. Leider bedachte unsere Mutter das nicht, als sie dort eine mit ergaunerten Lebensmitteln für uns alle vorbereitete Suppe über Nacht rausstellte (einen Kühlschrank gab es nicht in der Küche). Morgens… war der Topf leer. Was für ein Verlust damals! Dafür hatte sich *Luchsi* einmal so richtig satt fressen dürfen! – Wir aber guckten in die Röhre. Unsere Mamutschka schickte mich mit ein paar Zlotis zu dem kleinen polnischen Bäcker direkt gegenüber. Ich sollte dort *chleb* (Brot) kaufen. Ich – 5 Jahre alt – kam in den bis zur Tür mit wartenden Menschen gefüllten Laden und sagte laut und vernehmlich: *djen dobre, chleba* also *guten Tag, Brot* – so, wie Mutti es mir erklärt hatte. Alle Anwesenden lachten herzlich und machten mir sofort einen Weg frei, so dass ich sofort am Verkaufstresen stand. Die nette Verkäuferin nahm mir freundlich lächelnd das Geld ab und gab mir ein Brot. Damit marschierte ich mächtig stolz wieder über die Straße in unser neues Zuhause. Mutti freute sich, dass alles so gut geklappt hatte.

Nun aber weiter zu Lothars 2. Episode: Lothar und unsere Oma wollten uns zum wiederholten Male mit ergatterten Lebensmitteln versorgen. Beide kamen mit vollen Taschen in der Herbert-Norkus-Str. Nr. 1 an. Doch was erwartete sie dort:

Die Haustür stand offen. In unserem Zimmer lagen viele unserer Kleider zerstreut auf dem Boden herum. Wieder weinte Lothar sofort lauthals los. Zum Glück war er dieses Mal nicht allein. Seine liebe, im ersten Moment ebenfalls erschrockene Oma war ja bei ihm.

Unsere Oma sprach auch ein wenig Polnisch. Beide gingen zum polnischen Bäcker gegenüber. Dort erfuhren sie, dass sowohl unsere Familie als auch viele andere deutsche Familien aus dieser Straße abgeholt worden seien. DAS geschah am 2. Weihnachtstag 1945. Alle sollten innerhalb von

20 Minuten einpacken, was sie mitnehmen wollten und dann auf einen in der Straße wartenden LKW steigen.

Dieser LKW brachte uns und all die anderen ins nah gelegene NARWIK-Lager (bis zum Ende des Krieges – also bis Mai 1945 – soll dieses eine Nebenstelle des KZs Stutthof gewesen sein. Es befand sich in Danzig-Schellmühl, zwischen den Haltestellen Reichskolonie und dem Paul-Behneke-Weg (heute ul. Marynaki Polskie).

Nachdem Oma und Lothar von der Bäckerin in der Herbert-Norkus-Straße erfahren hatten, dass wir ins Narvik-Lager abtransportiert worden waren, machten sich beide sofort auf den Weg dorthin. – Übrigens war es DORT, wo Oma und Mutti sich einigten, dass Lothar lieber zuerst noch bei ihr in Neufahrwasser bleiben solle. Oma hatte nämlich von der polnischen Bäckersfrau auch noch erfahren können, dass all diese Deutschen, die mit dem LKW zunächst ins Narvik-Lager kamen, von dort aus sehr bald *irgendwohin* im Güterzug abtransportiert werden sollten. Man sprach von zwei Ziel-Richtungen: Entweder in den Osten nach Sibirien oder in den Westen. Niemand wusste, wohin es ging.

Folgende Szene, als Mutti und Lothar sich im Narvik-Lager verabschiedeten: Beide gingen noch eine Weile am Lager-Zaun (Maschendraht) entlang – Mutti innen, Lothar außen. Vorher hatte Oma Lothar eingebläut: „Du darfst dir auf keinen Fall anmerken lassen, dass du Muttis Sohn bist." Und Mutti wusste ebenfalls, dass sie sich nicht anmerken lassen durfte, dass dieser 10-jährige Junge ihr Kind ist, weil sie ihn sonst dortbehalten hätten. Schon allein bei der Vorstellung dieser Szene kullert mir ein Tränchen aus den Augen. Wie konnte ein 10-jähriges Kind das alles verkraften! Zum Glück war ja seine liebe Oma immer an seiner Seite – sie ging völlig für ihr Enkelchen auf! DANKE dir, meine liebe Oma!

In diesem schrecklichen Narwik-Lager blieben wir nur – nun muss ich in Giselas Flucht-Tagebüchlein schauen – 7 Tage (vom 29.12.1945 bis zum 4.1.1946). – Was dann geschah, folgt gleich. Zuvor noch ein kleiner Abstecher zu Lothars weiterem Schicksal:

Nach ein paar Wochen – so berichtet mir Lothar während unseres Telefonats im Juni 2017 – sagte unsere Oma zu ihrem Enkel: „Jungchen, du musst etwas 'tun'. Zum Arbeiten bist du noch zu jung, aber du musst zur Schule gehen".

„Eigentlich sollte ich ab April 1945 aufs Gymnasium gehen (ins *Konradinum*)". Dieses Gymnasium befand sich in der letzten Seitenstraße, die rechts von der Magdeburger Straße abging. Aber stattdessen musste er zurück in die 2. Klasse Grundschule – wegen der polnischen Sprache, die er ja erst lernen musste.

Als einziger 10-jähriger unter sonst 7-jährigen und als Längster musste er in der letzten Bank sitzen. Anfangs verstand er gar nichts, wollte sich das aber nicht anmerken lassen. So lachte er z. B. einfach immer mit, wenn die anderen lachten (obwohl er nie wusste, worüber gelacht wurde).

Lothar wurde als *Kriegswaise* in dieser Schule aufgenommen. Niemand durfte je erfahren, dass seine Eltern und Geschwister noch lebten.

Weiter erzählte mir Lothar: „Meinen Banknachbarn fragte ich immer nach den Schularbeiten. Außerdem hatte ich eine sehr verständnisvolle Lehrerin, Frau Kolodzieczakówna. Sie hatte zwei Kinder in meinem Alter. Ich bekam von ihr eine Menge nützlicher Dinge, vor allem auch Kleidung von ihren Jungens. Das war in der Zeit der vielen Nöte Gold wert. Zu Hause büffelte ich ohne Ende, so dass ich nach 1 ½ Jahren Klassenbester wurde (im Zeugnis hatte ich 8 x sehr gut und 4 x gut). Meine polnische Schule hieß ‚Hauptschule Nr. 19' und lag in der Hedwigstraße (heute Swieta Jadwiga). Dort war ich von 1945 – 1949 – zuletzt in der Klasse 4 B. Zuletzt konnte niemand mehr ahnen, dass ich eigentlich Deutscher war."

Inzwischen hatte Papa nach Omas Tod einen Antrag auf Familienzusammenführung gestellt.

Lothar weiter: „Als ich an einem Sonnabend aus der Schule kam, kam mir ein Nachbar mit einem Brief der Danziger Stadtverwaltung entgegen. Diesen Brief sollte ich SOFORT öffnen und SOFORT lesen. Aufgeregt öffnete ich ihn – sein Inhalt: Schon am nächsten Morgen (also am Sonntag) sollte ich um 7.30 Uhr auf dem Kleinbahnhof sein und dort in einen Zug vom Internationalen Roten Kreuz einsteigen – FAMILIENZUSAMMENFÜHRUNG!"

Hier werde ich jetzt anschließen, wie es inzwischen mit uns anderen, die wir 7 Tage im Narvik-Lager verbringen mussten, weiter ging. Ich erinnere mich daran, dass dort einige Personen Typhus hatten. Man hätte sich leicht anstecken können.

Alle deutschen Narvik-Lager-Bewohner wurden von polnischen Soldaten zum Bahnhof *Leegetor* getrieben – Mutti schreibt in ihrem Gedicht *mit Knüppeln* – daran kann ich persönlich mich nicht mehr erinnern. Vermutlich bin ich auf dem Weg dorthin auf dem Arm eines meiner älteren Geschwister eingeschlafen. – Aber ich erinnere mich noch genau daran, dass alle, als der Zug plötzlich anruckte, weisse Tücher schwenkend das Lied *Nun ade, du mein lieb Heimatland* sangen.

Jetzt folgt mein Bericht über unseren Abtransport vom Bahnhof Danzig Leegetor über diverse Übergangslager bis hin ins Gager-Lager auf Rügen und dort dann in das wunderschöne Göhren. Ich werde Giselas Flucht-Tagebüchlein und Muttis Lebensgedicht mit zu Hilfe nehmen:

Am 2. Januar sangen im Narvik-Lager noch einige Lagerbewohner für Mutti zum Geburtstag ein Lied. Zwei Tage später schon, am 4. Januar 1946, gingen alle Lagerbewohner, die abtransportiert werden sollten, zu Fuß direkt nach Danzig bis zum Leegetor-Bahnhof. Dort stiegen alle in die bereits wartenden Güterzüge ein und mit wehmütigem Gesang – wie bereits erwähnt – ging die Fahrt ins Ungewisse los. Wir waren nur froh, dass es in den Westen ging.

Mutti drückt das in ihrem Gedicht (1948 in Göhren aufgeschrieben) so aus: „Der Krieg war hart, und was wir alle nicht konnten fassen, dass wir unsere liebe Heimat mussten verlassen. Der Pole hat uns hinausgejagt, mit Knüppeln bis in die Bahn gebracht, und als der Zug sich setzte in Bewegung, wir alle waren voller Erregung. Als letzten Gruß der Heimat zugewandt, von uns allen das traurige Lied erklang: ‚Nun ade, du mein lieb Heimatland … '. Auf der Fahrt ins Ungewisse hatten wir viele traurige Erlebnisse. Wir wurden geplündert von den Polen, und auch der Russe wollte sich etwas holen. Man stellte uns auf ein totes Gleis und ließ uns warten, wie lange?! – Wer weiß, wann eine andere Maschine uns bringt auf das richtige Gleis."

Auf diesem Abstellgleis, auf dem wir sehr lange standen, ereignete sich etwas besonders Trauriges: Wir hatten alle Hunger und vor allem Durst, bekamen aber weder etwas zu essen noch zu trinken. Dann kamen einige Mütter auf die Idee, ihre kleinen Kinder in die in der Nähe liegenden Häuser zu schicken, damit sie dort nach Wasser betteln

konnten. Die Kinder zogen los – manche mit, andere ohne Gefäß. Alle lechzten schon förmlich nach dem Wasser, das wir – so hofften wir – bald trinken durften. – Ein Mädchen kam bereits mit ihrem mit Wasser gefüllten Gefäß zurückgelaufen. Doch dann geschah etwas Schreckliches: Der Zug fuhr einfach an!! Das Mädchen schrie sehr laut: „Mama, Mama!". Leute aus dem Zug konnten sie gerade noch im letzten Moment in einen Waggon hineinzerren. Aber all die anderen...–. Wir konnten von weitem sehen, wie die Kinder alle auf den abfahrenden Zug zuliefen, aber… für alle war es zu spät – sie konnten den Zug nicht mehr rechtzeitig erreichen. All diese

Kinder gehörten später zu den *Suchkindern*, die nach dem Krieg auf vielen Aufrufen in öffentlichen Gebäuden abgebildet waren – mit Namen, Geburtsort und -datum (sofern die Kinder diese Daten kannten). – DAS Erlebnis wird wohl niemand, der es miterlebt hat, je vergessen können. Es war ZU traurig! So oft überlege ich, ob wohl einige der Kinder später doch noch zu ihren Eltern finden konnten. Die Mütter, die sie losgeschickt hatten, werden wohl ihr Leben lang mit Schuldgefühlen belastet sein.

Die Fahrt ging weiter über Stettin nach Scheunen. Bis zum Lager Scheunen mussten wir alle eine Stunde zu Fuß laufen.

Mutti schreibt in ihrem Gedicht dazu weiter: „Nach ein paar Tagen dann brachte man uns dem Ziele näher heran. Es traf ein schweres Los die Armen, die einen Toten unterwegs mussten begraben. Man hat uns dann bald wieder ausgeladen, durch einen dunklen Wald in ein Lager verschlagen. Der lange Weg, er wollte nicht enden, die Last war schwer, man wollte sie werfen aus den Händen, doch einer dem anderen Mut zusprach, und weiter ging's, man hatte kaum Kraft, bis wir es endlich hatten geschafft."

Es war in der Tat alles andere als einfach. Vor allem hatten ja alle Flüchtlinge Gepäck bei sich – so viel sie mitnehmen und tragen konnten. Mutti erwähnt noch Folgendes in ihrem Gedicht – eine Szene, die ich sehr im Gedächtnis habe: „Dort war es so weit, dass der Hunger uns kam zu Leibe, um einen Kanten Brot für DM 50,-- zu erstehen. Auch waren wir nicht sicher vor dem schrecklichen Ungeziefer." – Die Szene mit dem Brotkanten habe ich bereits früher geschildert.

Von Scheunen aus ging's dann – laut Giselas Notizen – in einem Güterzug nach Pasewalk – auch hier wieder ein einstündiger Weg bis ins Lager. Doch alle wurden von dort sofort wieder mit einem Personenwaggon zurück und bis Böcknitz gebracht.

Am 9.1.1946 ging es dann weiter mit *Ziel UNBEKANNT*. Abends gegen 22.00 Uhr waren wir in Stralsund, von wo aus uns am 10. Januar 1946 um 8.00 Uhr ein Pferde-Fuhrwerk über den Rügendamm bis Altefähr brachte. Dort erreichten wir nicht mehr den Zug – er war bereits abgefahren. Wir noch übrig Gebliebenen wurden in drei Waggons verladen und bekamen Brot, Butter und eine Suppe. Wir schliefen die Nacht über in einem Waggon. – Danach ging die Fahrt weiter bis Bergen, Rügens Hauptstadt, dann über Putbus nach Lauterbach.

In Lauterbach bekamen wir am 11. Januar 1946 morgens eine Mehlsuppe und etwas Brot. Am Nachmittag ging die Fahrt von dort aus mit einem

Dampfer weiter. Ich weiß noch, dass dieser Dampfer schon sehr voll war, als wir ihn betraten, aber Gisela entdeckte gleich ein gemütliches Plätzchen für uns im Vorraum auf einer großen Kiste. Dieter und ich wurden auf diese Kiste gesetzt und die anderen gruppierten sich irgendwie um uns herum. Für uns Kinder war es etwas Aufregendes, mit diesem Schiff zu fahren. 1 ½ Stunden dauerte die Fahrt bis wir das nächste Flüchtlingslager erreichten: Das GAGER-Lager. Martin Holz (Rüganer) schreibt in seinem Bericht über die Flüchtlinge und Vertriebenen auf Rügen über das Gager-Lager u.a. wie folgt:

„Abgesehen von dieser Zwischennutzung (als Segelfliegerschule Lobbe) fanden im verkleinerten Gager-Lager keine Behinderungen durch Angehörige der sowjetischen Armee statt. Anfang März 1946 wird hervorgehoben, dass das Lager Gager als *Dauer- oder Standlager* verwendet werden und hier arbeitsfähige Frauen mit Kindern untergebracht werden sollten, da Arbeitsmöglichkeiten vorhanden waren. Im Frühsommer 1946 konnte das Lager durch Hinzunahme einiger noch brauchbarer Baracken in Lobbe bis zu einer Kapazität von 600 Personen erweitert werden. In Gager wären im Unterschied zu anderen Lagern *ausreichende Koch- und Waschgelegenheiten* vorhanden. Damit erwies sich das Umsiedlerlager Gager als eines der am besten ausgestatteten Barackenlager auf Rügen, was vor allem auf die fast kontinuierliche Nutzung zur Unterbringung von Evakuierten, Flüchtlingen und Vertriebenen seit dem Kriege, aber auch auf die abgeschiedene Lage an der Peripherie des Interesses der Besatzungsmacht zurückzuführen sein dürfte."

Dazu kann ich nur sagen, dass ich dem nicht voll zustimmen kann. Wir haben erlebt, dass ein russischer Soldat im Gager Lager die gesamte Babywäsche, die auf einer Leine hing, abgebrannt hatte! Die Mutter weinte nicht nur über den in dieser Zeit äußerst schweren Verlust, nein, sie schrie laut und jämmerlich und raufte sich die Haare!

Bei meinen Recherchen stieß ich an anderer Stelle auf folgenden Eintrag: „Am 4.5.1945 mittags bzw. nachmittags besetzten Truppen der Roten Armee Mönchgut und zogen durch Lobbe Richtung des militärischen *Lobbe-Lager*. Am gleichen Tag verließ Kapitän zur See Matthies mit 150 Stammtruppen das *Lobbe-Lager* und floh nach Dänemark. Im ‚Gasthof zum Walfisch' wurde eine russische Kommandantur eingerichtet. Am Lobber Ort und am Strand wurden Geschützstellungen errichtet."

Eine zivile Verwaltung gab es nach diesen Eintragungen erst später innerhalb des Jahres 1946.

Lobbe liegt ja ganz nah an der Kreuzung der Straßen, die nach Gager und nach Groß Zicker führen. – Daher hat sich dann wohl ein unzivilisiertes Mitglied der Roten Armee die Frechheit herausgenommen, die Babywäsche abzufackeln, die auf unserem Barackengelände im Gager-Lager auf einer Leine hing.

Noch etwas Trauriges passierte im Gager-Lager: Eines Tages hörten wir ein leises Klopfen an der Außentür unserer Baracke. Jemand öffnete und vor der Tür stand – im eiskalten Winter mit viel Schnee! – ein kleines Mädchen, ca. 8 oder 9 Jahre alt, b a r f u ß !!! Man hatte diesem Kind unterwegs die Schuhe geraubt… –. Wir anderen Kinder wurden sofort aufgefordert fortzugehen, aber ich bekam noch mit, wie eine der Frauen den anderen sagte: „Bloß nicht gleich ganz dicht an den Ofen – das muss allmählich auftauen!" – Zu welch widerlichen Brutalitäten Menschen doch in Kriegs- und Nachkriegszeiten fähig sind!

Unserer Familie passierte ebenfalls etwas Trauriges: Wir bekamen immer an der Essenausgabe einer Lager-Küche ein wenig Suppe zu essen – sehr oft *Wruken-Suppe* (also Steckrüben). Allerdings schwammen meistens nur 2-3 Wruken-Stücke auf der Suppe, und wer ein Fettauge erwischte, hatte Glück. – Eines Tages gab es irgendeine Mehlsuppe. Unsere liebe Schwester Gisela ging extra ziemlich zum Schluss zur Essenausgabe. Sie wollte für uns beiden Kleinen, Dieter und mich, gern *das ganz Dicke* von unten aus dem Topf bekommen. Sie bekam es auch und ging damit zu unserer Baracke zurück. Es war sehr glatt an dem Tag. Eben vor unserer Eingangstür ist Gisela MIT der Suppe ausgerutscht – mit dem Gesicht in die kochend heiße Suppe! Ich erinnere mich an ihren lauten Aufschrei (wohl in erster Linie vor Schmerz, aber sicher auch ein wenig vor Ärger über diesen Verlust für uns) und an ihr knallrotes Gesicht. Alle in der Baracke bemühten sich um sie. Ich sehe ihr Gesicht vor mir: Plötzlich ganz weiß. Bis heute ist mir nicht klar, WAS die Leute genommen hatten, um diese Verbrennungsschmerzen zu lindern. Könnte es Kartoffelmehl oder irgendeine Salbe gewesen sein, die jemand dabei hatte? Ich weiß es nicht. Auf jeden Fall hatte Gisela noch bis zu ihrem Lebensende Restnarben im Gesicht. Auch weiß ich nicht, wie sie sich sonst noch verletzt hatte. Vielleicht gab es auch innere Verletzungen; denn unsere Mutter schreibt in ihrem Gedicht.

„Von diesem Lager aus fuhren wir wieder hinaus: man brachte uns nach Lauterbach, von dort ein Schiff uns übersetzte, ins Gager-Lager, das verflixte, denn dort mussten wir es erleben, daß man sehr wenig uns nur konnte geben. Wirklich konnte man von Glück nur reden, daß Gisela uns blieb am Leben." – WAS sie mit der letzten Aussage meinte, das werde ich leider nie mehr erfahren können. Außer mir lebt von dieser Generation in unserer Familie niemand mehr.

Dass es im Gager-Lager Betten gab, wie Herr Martin Holz in seinem Bericht erwähnt, traf zu; denn Gisela schreibt in ihrem Büchlein, dass wir am 11.1.1946 von Lauterbach mit dem Dampfer 1 ½ Stunden lang bis nach Gager gefahren sind und – ich zitiere: ***Dort Mehlsuppe und Brot bekommen. Schön saubere Betten, 3 Familien 1 Zimmer. Gager, den 12.1.46, Sonnabend – morgens Kaffee, Sonntag, den 13.1.46 mittags Kartoffeln, Soße, Fleisch. Montag, 14.1. Quark und Kartoffelsuppe.***

WAS es während unserer Flucht jeweils WO zu essen gab – DAS alles nimmt den größten Teil ihrer Notizen ein. Damals war das eben die Hauptsorge für alle: Satt zu werden. – Nach ihren Eintragungen gab es im Gager-Lager also nicht nur Steckrüben-Suppe, sondern auch Kartoffel- oder Bohnensuppe oder Pellkartoffeln mit Soße und etwas Fleisch.

So trägt sie täglich ein, welches Essen es gab, dass in unserer Baracke sogar einmal gesungen wurde (am Sonntag, 20. Januar) und wann Wäsche gewaschen wurde. – Am 24. Januar, meinem Geburtstag, hat sie offenbar ein Hemd gegen Brot und Salzhering getauscht – sicher für ihre kleine Schwester zum Geburtstag! Für ihre *beiden Kleinen* dachte sie sich immer wieder besondere Dinge aus. Ich weiß auch noch, dass an diesem Tag, meinem Geburtstag am 24. Januar, eine Mitbewohnerin – eine ältere Frau – mir ein Stück Brot mit Quark schenkte. Ich kletterte damit sofort auf mein Bett (wir hatten in dem Zimmer Etagenbetten – ich lag oben) und futterte es genüsslich auf. Und Gisela hatte es fertiggebracht, mir für meine *Schmidt-Puppe* – mit Blechkopf und Stoffkörper (sie begleitete mich die ganze Flucht über) – ein hellblaues Mäntelchen mit weißem Kragen und Kapuze zu nähen. Mir ist es bis heute ein Rätsel, woher sie Stoff und Nähzeug nahm. Ich war so glücklich darüber!

Giselas Einträge in ihr Flucht-Notizbüchlein beschränkten sich auch weiterhin aufs Aufzählen der div. Essen, die wir dort bekamen. Am Freitag, 15. Februar, schreibt sie: *In Lobbe gewesen*. Sie hatten wohl einen Brief nach Danzig von dort aus abgeschickt. Und am 19. Februar gab es einen Brief AUS Danzig von unserer Tante Hannchen Huse. Manchmal wurden auch kleine Rationen an Brot, Butter und Salz zugeteilt: ¼ Brot, 50 gr. Butter und einmal gab es eine *Sonderzuteilung*: ½ Brot und etwas Butter.

Hier habe ich es jetzt entdeckt: Gilas Eintrag vom 2. März 1946. Sie berichtet von dem Tag auch, dass Mama und Traute nach Groß Zicker zum Schuster gegangen sind. Dann kommt es: ***Ich mit Abendsuppe hingefallen – Gesicht verbrüht.*** Mehr schreibt sie dazu nicht. – Dann gibt es einen Eintrag vom 7. März: ***Suppe bewilligt*** – ich vermute, sie wird einen Ersatz für die verschüttete Suppe beantragt und bekommen haben. An dem Tag bekommt sie auch einen Brief aus Klotten von den Verwandten von Jupp Lauxen, ihrem Verlobten, der im April – kurz vor Kriegsende – noch mit dem U-Boot untergegangen ist.

Große Freude für alle gab es offenbar am Sonnabend, 9. März. Es kam ein Telegramm aus Düsseldorf von Tante Gretchen mit Papas Adresse. Das löste bei allen große Freude aus.

Am 10. März 1946 steht, dass wir wieder Butter und 50 gr. Zucker bekamen und Mehl für Dieter und Gisela – das soll vom Arzt verschrieben worden sein. Das würde bedeuten, dass die Äußerung von unserer Mutter in ihrem Gedicht, man könne von Glück reden, dass Gisela noch blieb am Leben, ausdrücken würde, dass Gisela fast verhungert wäre. Etliche Menschen starben in der Zeit vor Hunger. Da konnten wir wirklich von Glück reden, dass der Hungertod in unserer Familie doch keine Chance hatte!

Am Dienstag, 12. März, war wohl Brief-Tag in unserer Familie: Gisela schreibt, dass Briefe an Tante Gretchen, Familie Lauxen, Tante Lucia Boike, Julia und ans Rote Kreuz geschrieben wurden und auch noch ein Telegramm an Papa.

Donnerstag, 14. März, gab es abends für uns Kinder (für Dieter und für mich) je 100 g Butter – eine Sonder-Ration also. – Als es am nächsten Tag je ½ Pfd. Zucker und 100 gr Butter gab, schreibt Gila: **Vor lauter Hunger gleich Zucker und 50 gr. B.** ***(damit meint sie sicher Butter, weil es an dem Tag kein Brot gab)*** **aufgegessen. Am nächsten Tag, 16. März, also der Geburtstag von Lothar (er war ja noch in Danzig), hatten wir dann doch alle noch unseren Rest Brot erhalten.** – DAS war alles so sehr überlebenswichtig in der Zeit!

Eintrag vom Sonntag, 17. März 1946: ***Mama, Traute nach Middelhagen, Kartoffeln aussammeln aus Mieten u. Rucksäcke voll mitgebracht.*** Drei Tage später zog Gisela mit Traute allein los zum Kartoffelsammeln (2 Rucksäcke und 2 Taschen voll brachten sie davon mit!). Dafür gab es dann auch um 14.00 Uhr zum Mittagessen Buttermilchsuppe und Pellkartoffeln satt. Sie schreibt: ***Nach langer Zeit sattgegessen.***

Danach folgen ein paar außergewöhnliche Eintragungen: Freitag, 22. März ***abmarschbereit, wir sollten nach Thiessow*** – Das wurde wieder abgeblasen. Wir sollten noch bis zum 1. April im Gager-Lager bleiben. ***Nachmittags war die russische Kommission hier. Keiner darf mehr nach dem Westen.***

Eintrag vom 27. März 1946: ***In Lobbe Fisch bekommen. Nach Göhren zum Fotografen, a.d. Post, Telegr. An Papa aufgegeben, in der Volksküche gegessen. Post von Peters und Tante Hannchen.***

Am 30. März 1946 war es dann endlich soweit – es ging vom Gager-Lager ins so schöne Göhren, dort in das Hotel FORTUNA, das der Familie Parchow gehörte. Die Hotelbesitzer wurden damals verpflichtet, Flüchtlinge bei sich aufzunehmen. Außer uns zogen noch 4 andere Flüchtlingsfamilien dort ein.

Giselas Eintrag zu unserem Einzug ins Hotel Fortuna am 30. März 1946: ***Schönes Zimmer, 3 weißbezogene Betten, Balkon*** – DAMIT drückt sie so viel Schönes aus. Eine neue, schönere Welt tat sich für uns auf. Schluss mit dem Leben in den Übergangslagern, teilweise alle in einem großen Raum, schlafen auf der Erde auf Strohsäcken, die nicht selten Ungeziefer hatten. – Und nun ein ganzes Zimmer für uns allein, mit richtigen, dazu weiß bezogenen Betten und der Gipfel: Ein Balkon! *Mein Seifenblasen-Balkon* – mit Gisela von dort aus Seifenblasen in die sonnige Luft schweben lassen – hach, DAS war unsere *erste Ankunft* nach der Flucht – und es war so schön!

Am Schluss ihrer Eintragungen führt Gisela noch die markanten Daten* unserer Flucht an:

27.3.45 – Russen nach Danzig
26.12.1945 – ins Narwik-Lager
4.1.1946 – aus Danzig raus
11.1.46 – Auf Rügen ins Lager Gager
1.4.46 – nach Göhren Haus Fortuna

Auf einem Extra-Blättchen führt Gisela noch folgende Daten auf:

Juli 1947 – Mutti nach Lübeck
3. Oktober 1947 – Traute und ich nach Lübeck
März 1948 – ich wieder zurück nach Göhren (sie wollte unsere Mutter nicht mit uns beiden Kleinen allein dort lassen – ein Glück für Mutti und für uns!)

Nun will ich selber mehr zu unserem Glück berichten, damals in Göhren gelandet zu sein!

Göhren, *mein* Göhren – Schwalben, Schilf und Göhr'ner Bückling

Göhren auf Rügen – Frühjahr 1946 – hätten wir es irgendwo schöner antreffen können als in dem wunderschönen Göhren? Dorthin hatte es uns nach strapaziöser Flucht aus Danzig verschlagen. Für mich gibt es kein schöneres Fleckchen auf Erden. In Göhren habe ich meine eigentliche Kindheit verbracht – vom 6. bis zum 9. Lebensjahr.

Hunger, Kälte, beengte Wohnverhältnisse – all diese Dinge sind vergessen. Göhren bedeutet für mich, in gleißender Sonne wogendes Feld, durchsetzt mit Mohn- und Kornblumen, mit Margueriten und Kornraden. Wer kennt heute noch Kornraden? In Göhren wuchsen sie mitten im Feld vor „unserem" Haus.

Göhren – das ist der flinke Zick-Zack-Flug der Schwalben am Steilufer und auf „unserem" Balkon – auf dem Balkon von „Haus Fortuna". Göhren, das ist der alte Wasserturm, auf und um den herum wir Kinder zu gern tobten, das bedeutet der knorrige Walnussbaum, der neben dem Wasserturm stand, und um den herum im Herbst die Walnüsse lagen, teils eingehüllt in ihre grüne, manchmal schon bräunliche Hülle. Immer noch gehören Walnüsse zu meinen Lieblingsknabbereien.

Gleich nach dem Gager-Lager kamen wir ins schöne Göhren und wurden dem „Hotel Fortuna" zugeteilt. Es gehörte der Familie Parchow. In Göhren hatten wir plötzlich weiß bezogene Betten... Wir hatten ein Zimmer ganz für uns allein, mussten es nicht mehr mit fremden Familien teilen. Wie soll ich das Gefühl dieser neuen Umgebung beschreiben – man kann es kaum wiedergeben. Es war ein einziges Aufatmen – nun ist der ganze Schrecken der Flucht vorbei, nun haben wir ein „vorläufig festes" Dach über dem Kopf und eine Möglichkeit, wieder ein relativ „normales" Leben zu führen.

Wie schön war der Moment, als wir das Zimmer bei Parchows im Hotel Fortuna betraten. Ich flitzte als erstes auf den Balkon und konnte mich kaum beruhigen:

Ja, wir hatten jetzt sogar einen Balkon, ich stand ja auf ihm. Blickte ich geradeaus, sah ich Garten, Feld und einen Apfelbaum in der Mitte des Vorgartens, den großen, alten Walnussbaum, den alten Backstein-Wasserturm und dort ganz hinten... – den Südstrand, das Meer, meine geliebte Ostsee (den Strand hatte ich schon als Kleinkind in Danzig geliebt). Bog ich mich nach rechts über die Balkonbrüstung, blickte ich über die Dächer Göhrens direkt auf einen Zipfel des Nordstrandes.

Wie oft habe ich mit meiner ältesten Schwester Gisela am Strand am Dünenrand gesessen. In Göhren hielt man sie häufig für meine Mutter – immerhin war sie 16 Jahre älter als ich. Ich weilte zu gern an ihrer Seite, wusste sie doch endlos Märchen zu erzählen, meist selbst ausgedachte. Aber auch eines wie H. C. Andersens „Däumelinchen" hatte durch sie seinen festen Platz in meinem Kinderherzen. War evtl. eine der Schwalben, die ständig unseren Balkon belagerten und „einweihten"... **die** Schwalbe, die Andersen die Däumelinchen-Geschichte zugetiriliert hatte?!

Am Strand pflückte ich Schilfhalme, meine Schwester flocht daraus kleine Körbchen für mich und erzählte und erzählte. Und wenn sie meinte, das Märchen zu Ende erzählt zu haben, da hatte sie sich in ihrer kleinen Schwester getäuscht... – Ich stieß sie mit dem Ellenbogen in die Seite und fragte nur immer wieder: „...und dann? ... und dann?" – Na ja, und dann... – spann sie ihre Märchen weiter aus – endlos – Märchen von Blumenkindern, von Sternenkindern, die auf den Strahlen des Mondes zur Erde purzelten und dort Abenteuerliches erlebten und vieles, vieles mehr...

Und dann das Osterfest in Göhren! Ja, das war ein Festtag! Irgendwoher war ein wenig Geld da – und man brauchte einfach nur quer über die Wiese zu laufen, die Wiese, auf der wir im Herbst bunte, selbstgebastelte Drachen steigen ließen, um zur Räucherei „Maiglöckchen" zu gelangen. Herrlich, dieser Räucherduft! Schon auf dem Heimweg verschlangen wir die bronzen schimmernden Bücklinge mit den Augen ... – Nie wieder und nirgendwo hat mir ein Bückling so gut gemundet wie der Göhr'ner Bückling 1946, 1947, 1948 und noch 1949...

Ach ja, apropos „Maiglöckchen": Göhren – das bedeutet für mich auch Maiglöckchenduft. Wie bei uns der Wald im Frühjahr weiß ist von der Anemonenpracht, so war der Göhr'ner Höft ein weißer Maiglöckchen-Teppich. Zum Muttertag pflückten wir Kinder Sträuße dieser duftenden Blumen (meiner Lieblingsblume), so dick, dass unsere Hände sie kaum fassen konnten. Der lichte Göhr'ner Buchenwald geizte auch nicht mit den hier so seltenen Leberblümchen. Sie leuchteten ganz früh im Jahr durchs Untergehölz.

„Unser" Haus FORTUNA in Göhren/Rügen – oben links unser Balkon

Dieses Foto hatte Gisela extra machen lassen – vom Fotografen Bitterling in Göhren / Rügen –, kurz bevor sie nach Lübeck fuhr. – Sie hatte nämlich Angst, dass sie vielleicht nicht wieder von Lübeck aus zurückkommen konnte (DAS nämlich musste sie *schwarz* machen. *Schwarz über die Grenze gehen* war der Ausdruck dafür). Sie zahlte dem Fotografen für dieses Foto extra Fünf Mark (sehr viel Geld damals!).

Bärbel mit Gisela

In Göhren sah ich meinen ersten Film in dem kleinen Kino, nicht weit von uns – es waren ja alles keine Entfernungen in dem heimeligen Ort: „Bambi", ein Film, der den Kinosaal an gewissen Stellen mit hemmungslosem Kinder-Geschluchze erfüllte... – ja, und auch „Pinoccio" lief damals. Beides faszinierende Erlebnisse für uns „Göhr'ner Kinder", die im Sommer schon knusprig braun barfüßig daherliefen, wenn die bleichgesichtigen und sonnen- wie meerwasser-durstigen Kurgäste in Göhren eintrudelten. – Kein Wunder, wurden die aus alten Teppichresten gebastelten „Schultaschen" nach der Schule doch gleich in die Ecke geworfen und ab ging es an den Strand – entweder durch die Waldschlucht zum Nordstrand oder über die Wiese zum Südstrand. – DAS war ein Leben!!

In Göhren wurden Dieter und ich eingeschult. Meine Schwester bastelte nicht nur die Schultaschen für uns aus im Hotelkeller gefundenen Teppichresten, sondern zauberte für uns beide je eine Schultüte aus schwarzer Pappe – bunt bemalt. Zum Inhalt gehörte neben einer Papp-Lern-Uhr auch noch ½ Schwarzbrot. Was für ein Schmaus in der damaligen Zeit !

Ein altes Foto aus unserer Schulzeit in Göhren – von einem Schulfest – habe ich noch – mein Bruder Dieter ist darauf deutlich zu erkennen (im weißen Anzug).

Schulumzug 1949

7 Jahre Rest-Kindheit im Flüchtlingslager FLENDER II in Lübeck-Siems

Ade, mein geliebtes Göhren – tschüss, mein alter Wasserturm, du herrlicher Walnussbaum, du sonnendurchfluteter Buchenwald, all ihr vielen herrlichen Maiglöckchen und Leberblümchen. Ich bin so gern bei euch gewesen, und ich werde euch bis zu meinem Lebensende treu bleiben – euch immer und immer wieder besuchen.

Doch nun lockte uns etwas Wunderbares von diesem Ort meiner schönen Kindheit fort:

Die (angebliche …) FAMILIENZUSAMMENFÜHRUNG, die sehr bald danach auch Lothar erleben durfte. In meinem fiktiven Brief an meinen Vater erwähnte ich ja bereits, dass mein Vater keine Mühen scheute, uns ausfindig zu machen. Als er damit endlich Erfolg hatte, avisierte er uns dies sofort per Telegramm. In einem Brief schrieb er, wir mögen schnell kommen.

So machten wir uns denn auf, meine Mamutschka mit Dieter und mit mir. Ein LKW-Fahrer aus Göhren übernahm – gegen entsprechendes Entgelt – den Transport mit uns dreien über die Grenze in den Westen – sozusagen *bei Nacht und Nebel.*

Es gab ein kurzes Abschiednehmen von in Göhren lieb gewordenen Freunden und ein für mich etwas schmerzhaftes von meiner lieben Schwester Gisela. Aus taktischen Gründen blieb sie nämlich noch in Göhren zurück. Alles sollte so unauffällig wie nur möglich passieren. Dafür nahm sie auch die spätere Reise nach Lübeck – ohne jegliche Hilfe, ganz für sich allein – in Kauf. Darüber werde ich später noch gesondert berichten.

Mutti nahm nur ganz wenige Habseligkeiten von Göhren mit nach Lübeck. Spät abends fuhren wir los – es war irgendwann im Oktober 1949. Voller Erwartung auf *das Haus mit Garten*, das uns in Lübeck erwarten sollte, ging es ab in Richtung… Papa. Endlich werden wir alle wieder beisammen sein – so lange hatten wir darauf gehofft und gewartet.

Wir drei saßen hinten im LKW – Mutti auf einem Koffer, Dieter und ich auf je einem Rucksack. Ganz oft hielt der LKW-Fahrer an. Schade nur, dass ich seinen Namen vergessen habe. Lebte mein Bruder Dieter noch – ER wüsste es. Er hatte ein sehr gutes Namensgedächtnis. Aber dafür ist es jetzt zu spät. Dem Autofahrer oder seinen Nachkommen hätte ich zu gern meine Dankbarkeit für seine mutige Hilfe damals in irgendeiner Form ausdrücken dürfen.

Wir bekamen bald mit, dass der LKW-Fahrer unterwegs oft einen Hasen angefahren hatte, der in den Lichtscheinwerfer des Lastwagens lief und nicht überlebte. In seinem Fahrerhäuschen hatte er eine Kiste, in der er diese Tiere aufbewahrte. Sicher gab es für ihn und seine Familie später daraus ein paar Mahlzeiten. Alle Menschen versuchten damals, sich mit irgendwelchen, irgendwie erreichbaren Lebensmitteln über Wasser zu halten. Besonders für die Mütter in der Zeit war es ein Kunststück, ihre Kinder durchzufüttern. Wer Verwandte in Amerika hatte – so wie wir – der hatte großes Glück. Die Care-Pakete aus der Zeit haben viel dazu beigetragen, den für die meisten damals selbstverständlichen Hunger zu stillen.

Und plötzlich – der Fahrer hielt wieder an, aber dieses Mal nicht wegen eines überfahrenen Hasen, sondern … – etwas Gefährliches bahnte sich an – für uns und auch für ihn: Es war eine Kontrolle in Stralsund. Wir hörten eine fremde Frauenstimme. Ich sah unserer Mutter die Angst genau an. Sie zog sich ihr Kopftuch ein wenig mehr ins Gesicht, damit sie älter wirkte. Die Plane unseres LKW-Raumes wurde geöffnet. Vor uns stand eine Russin in Militär-Uniform. Sie blickte uns an. Vermutlich hatten wir Glück, dass es eine Frau war, die hier und in diesem Moment kontrollierte. Es durfte ja niemand mehr vom Osten in den Westen. Wir aber taten das … –. WAS würde passieren? Der LKW-Fahrer, der ganz offensichtlich etwas Russisch sprach, wechselte ein paar Worte mit der Soldatin. Sie unterhielten sich in einem ruhigen, zum Glück friedlichen Ton. Die Frau lächelte uns drei an und gab dem Fahrer mit ihrer Hand ein Zeichen, dass er weiterfahren dürfe. Unsere Rettung! Im Auto musste man eigentlich das Plumpsen von drei schweren Steinen aus den Herzen zweier Kinder und deren Mutter gehört haben können. Alles lief gut! Dieter und ich – wir kuschelten uns ganz eng an unsere Mutter. Bei ihr fühlten wir uns immer und überall sicher und geborgen. MIT ihr konnte eigentlich gar nichts Schlimmes geschehen. Hätten wir beide geahnt, WAS alles mit uns HÄTTE passieren können …! Doch für uns galt nur eines: Wo SIE, unsere so fürsorgliche Mutter ist, ist die Welt in Ordnung.

Wir erreichten unser Ziel in Lübeck, doch war es nicht ein Haus mit Garten, sondern es waren … Wellblechbaracken im Flüchtlingslager Pöppendorf. Was für eine schlimme Überraschung für uns! Wie hatte ich mich schon gefreut – vor allem auf den Garten! Stattdessen wurden wir im Pöppendorf-Lager registriert und sofort mit irgendeinem weißen Pulver entlaust. Das passierte mit allen Neuankömmlingen dort, egal, ob sie Läuse hatten oder nicht. Was für ein ekliger Gestank – puuuh! Für mich ein verteufeltes Zeug, dieses weiße Pulver.

Dann wies man uns gleich in der 2. Wellblechbaracke vorn hinter dem Eingangstor Schlafplätze zu: In Etagenbetten mit Strohsäcken. Wir setzten uns sofort auf die Bettkante unseres Bettes und.... weinten – jedenfalls Dieter und ich. Wir wollten sofort wieder zurück nach Göhren. Meiner Mutter sah man die schiere Verzweiflung an. Aber SIE gehörte zu den Menschen, die – wie wir damals sagten – *von Pontius bis Pilatus* lief, um das Beste für ihre Kinder zu erreichen. Das tat sie auch hier – mit Erfolg: Nach schon 3 Tagen konnten wir dieses schreckliche Lager verlassen. Ein Bett stand dort direkt neben dem anderen. Das heisst, wir mussten uns dicht an dicht mit anderen Menschen dort aufhalten und auch übernachten.

Unser Vater besuchte uns gleich am ersten Tag. Leider weiß ich nicht, wie er eine solch deprimierende Ankunft in Lübeck für uns begründete. Ich kann auch niemanden mehr danach fragen. – Fakt war, dass unsere Mutter – vermutlich auch ein wenig mit Hilfe unseres Vaters – erreichen konnte, dass wir nach 3 Tagen ins Flender-Lager durften.

Doch aus dem Pöppendorf-Lager muss ich noch von einer kleinen Episode berichten: Als meine Schwester damals von ihrer *Stipp-Visite* in Lübeck wieder nach Göhren zurückkam, erzählte sie mir, dass es in Lübeck, also im Westen, leckere Zucker-Puppen gab – das Stück für nur 5 Pfennige. Beim Abschied von Göhren versprach ich meiner Spielfreundin aus *Fortuna*, dass ich ihr, wenn ich erst in Lübeck bin, 10 Zuckerpuppen in allen Farben kaufen und ihr schicken würde. Nun steckte unser Vater Dieter und mir ein wenig Geld zu. Mein erster Weg am nächsten Tag war natürlich der zu dem kleinen Kiosk auf dem Lager-Gelände ganz nah unserer Baracke. Dort sah ich sie: In einem hohen, breiten Glas lagen sie, all die bunten Zuckerpuppen – rote, grüne, gelbe! Meine Augen mussten geleuchtet haben. Die nette Kiosk-Verkäuferin: „Na, was möchtest du denn?" – „Eine Zuckerpuppe". Ich musste ja zunächst eine probieren, bevor ich Janni, meiner Göhren-Freundin, 10 Stück schicken würde. Überrascht fragte sie nach: „WAS möchtest du?" „Eine Zuckerpuppe" war meine Antwort. „Was meinst du denn damit?" fragte sie zurück. „Na, SO eine Zuckerpuppe, wie sie dort im Glas liegen" – ich zeigte mit dem Finger auf die Zuckerpuppen. Da lachte die Verkäuferin und sagte: „Ach sooo, du meinst einen Lolli". Ja, nun wusste ich die aktuell richtige Bezeichnung für die Zuckerpuppen.

Nach drei Tagen durften wir dieses unwirtliche Gelände verlassen und landeten in FLENDER II. Mit uns wurden auch etliche andere Familien aus dem Pöppendorf-Lager dort hingebracht. Man hatte vorher die große *Wirtschaftsbaracke* – WB – leergeräumt und für neu ankommende Flüchtlinge vorbereitet. Die anderen, niedrigeren Baracken waren alle schon belegt.

In der ehemaligen Wirtschaftsbaracke soll früher die Küche gewesen sein. Dort waren ein paar Jahre zuvor Zwangsarbeiter untergebracht. Jetzt *durften* wir dort einziehen – ins Flender-Lager II:

Hier ein Gesamt-Foto über die Flender-Lager-Gegend:

Flenderlager

Die beiden Lager Flender II und III sind auf diesem Foto nur sehr klein zu sehen. Vorn rechts ist ein Ausläufer von Flender III zu erkennen. Über die große Wiese kommt man von dort zum Flender-Lager II. Flender III lag mehr in Richtung Herrenwyk, Flender II Richtung Siems.

Rechts am Rand – der grüne Bereich – ist die Kiefern-Schonung zu sehen, die genau gegenüber unserem Lager – Seelandstraße – lag. Unterhalb der grünen Fläche sieht man den kleinen Teich, an dem wir Kinder gern spielten. Leider sind im Jahre 1959 – ich war in dem Jahr gerade für 13 Monate auf Island – drei kleine Jungens aus unserem Lager im Winter dort eingebrochen und ertrunken. Diese Nachricht schockierte mich! Einer nahm seinem Freund die Mütze vom Kopf und warf sie auf die Eisfläche. Der Junge lief sofort aufs Eis und wollte seine Mütze holen. Er brach ein. Darauf lief der Junge, der die Mütze geworfen hatte, auf die Eisfläche – auch er brach ein. Der 3. Junge wollte beiden helfen und lief ebenfalls aufs Eis – vergeblich. Auch er ertrank in dem eiskalten Wasser. Als die ersten Lagerbewohner es entdeckten, kam jede Hilfe bereits zu spät. Eine Freundin erzählte mir später, sie sei gerade mit dem Fahrrad von ihrer Lehrstelle zurückgekehrt, als sie sah, wie ein Mann vom Teich kam, der ein lebloses Kind auf seiner Schulter trug. Als meine Mutter mir in einem Brief nach Reykjavík darüber berichtete, war ich außer mir. Am liebsten hätte ich es nicht geglaubt, aber es stimmte. Den einen kleinen Lockenschopf kannte ich sehr gut. Alle Lagerbewohner trauerten lange mit den Eltern der ertrunkenen Kinder.

Flenderlager
hinterer Teil

Flenderlager
mittlerer Teil

Blick auf die Wirtschaftsbaracke II

Weg v.d. Straßenbahn auf unsere WB-Baracke – In der Mitte Stangen, auf denen wir Kinder oft und gern herumturnten. Geradeaus durch = Unser Barackeneingang von Wirtschaftsbaracke II

Es gab 3 Eingänge in der WB: WB I, II und III. Wir kamen in den mittleren Teil, WB II. Der Eingang lag direkt rechts neben dem kleinen Friseurladen des Lagers.

Mutti bei der Großen Wäsche in einem Extra-Raum neben unserem Barackeneingang. Sie hatte einen Antrag gestellt, dass die Familien aus unserer Baracke diesen Raum als Waschküche nutzen dürfen – mit Erfolg.

Eingang davor unsere Nachbarsfamilie

Mutti bei der Wäsche

Rückseite unserer Baracke mit Gisela im Vordergrund

Dieses Foto zeigt unsere Baracke von der Rückseite (des Eingangs). Wir wohnten dort ziemlich in der Mitte. Vom Fenster aus schauten wir über die Bahngleise direkt auf den Werft-Eingang der FLENDER-Werke. DER Ort war für uns – vor allem für uns Kinder – immer wieder interessant, wenn es einen Stapellauf gab. Wir rannten dann gruppenweise hinüber, um uns an dem Spektakel zu erfreuen und jubelten und klatschten mit, wenn die Sektflasche an der Schiffswand zerkrachte.

Auf diesem Foto steht meine Schwester Gisela im Vordergrund – der lange Schatten vor ihr ist der von unserem Bruder Lothar (er stieß im Oktober 1949 zu unserer Familie – darüber werde ich noch berichten). Ganz klein im Hintergrund, also direkt hinter den Bahnschienen links sieht man 2 kleinen Persönchen – das bin ich (in der Hocke) mit einer Nachbarstochter.

Bärbel mit Lagerfreundin Maria

Lagerkaufmann von außen

Lager Kaufmann von innen

von links oben: Gisela, unsere Mutter, davor Bärbel und Dieter

Kommunion Dieter 1952 (12 Jahre)
Sein Outfit erhielt Dieter von einer kath. Gemeinde aus dem Rheinland.

Kommunion Bärbel
1952 (11 Jahre)

Kommunion in unserem Baracken-Zimmer

Gisela
Dieter mit seiner Mundharmonika
Bärbel
Mutti
(+Besuch aus Gohren)

von links: Gisela, Besuch, Dieter, Bärbel, Mutti, Besuch

Fiktiver Brief an meine Schwester Gisela – GILA

Meine liebe Gila,

hier liegt es vor mir, dein *Tagebuch für Flüchtlings-Notizen* (SO nanntest du es – das rot-gedeckelte Büchlein. Darüber steht *Genf*, also stammen deine Aufzeichnungen darin offensichtlich aus deiner Genfer Zeit.

Ein Formular ragt oben heraus: *Liebesgaben-Pakete – Colis-Secous* via MERKUR – *MERCURE, Maison spéciale p.l. Cafés – Succ.: GENÈVE, 3, r. de la Confèderation* sandtest du uns so oft es dir nur möglich war. Ein Liebesgabenpaket von dir – DAS war – besonders für *deine beiden Kleinen* jedes Mal ein Freudentag, auch für uns alle in unserem Barackenzimmer in Lübeck-Siems in Flender II. Noch heute kann ich die Freude nachempfinden!

Liebesgaben-Paket – ja, DU gabst uns ohnehin zeitlebens viel Liebe – dazu noch diese Pakete. Du versuchtest, uns die Kriegs-, Flucht- und Nachkriegszeit zu verschönern, so oft es dir möglich war. Hätte ich dir nur zu Lebzeiten viel mehr dafür gedankt, meine liebe Schwester!

Kannst auch DU dich noch erinnern, wie es VOR unserem Lagerleben in Lübeck im *Haus Fortuna* in Göhren auf der schönen Insel Rügen war? Jedes Mal, wenn ein Care-Paket von unserer Tante Ella eintraf?! Unsere Augen liefen über, wenn wir Kinder darin Schokolade entdeckten (die wir sonst gar nicht bekamen). Doch nur ein kleiner Teil davon wurde uns zugeteilt. Das meiste brauchte Mutti für ihre *Tausch-Fahrten über Land.* Mit dem *Rasenden Roland* ging es in Gegenden, in denen Bauern auf ihren Höfen sich meist gern auf solche Tausch-Gelegenheit einließen (vor allem, wenn Mutti Zigaretten aus Amerika bekam oder auch bestimmte Gewürze und eben Schokoladiges). Wie Mutti berichtete, gab es auch unter diesen Bauern weniger freundliche, die manchmal sogar ihre Hunde auf die Flüchtlingsfrauen zulaufen ließen. Unsere liebe Mamutschka betonte immer wieder, dass sie NICHT betteln wolle, sondern nur tauschen. Zum Betteln wäre unsere Frau Mama viel zu stolz gewesen.

Dieses Liebesgaben-Paket, dessen Beleg ich jetzt vor mir habe, ist vom 6. August 1954 – ich war dann 14, Dieter 15 Jahre alt, aber wir freuten uns wie kleine Kinder. Dieses Paket enthielt: 250 g *café* – 100 g *chocolat* – 250 g *fortifeant*?? und 100 g *potage*. Insgesamt musstest du damals 9,75 Schweizer Franken dafür aufbringen. Das war jedes Mal sehr viel für dich, aber für uns… hättest DU, liebe Gisela, dein letztes Hemd ausgezogen. Wie dankbar bin ich dir noch heute dafür!!

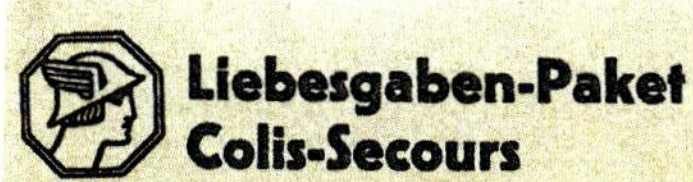

Liebesgaben-Paket
Colis-Secours

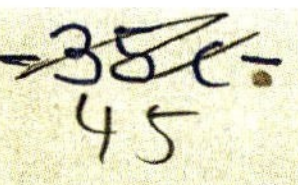

~~35c.~~ 45

№ 89796 *

Filialstempel: / Timbre de la succ.:	Datum: / Date: 8. 12. 53
	Empfänger: / Destinataire: Frau Elisabeth Bach, Lübeck-Siems, Flenderlager II
Besteller: / Commandé par: G. Bach, c/ Dr. Pitguet, 27, av. Miremont, Genève	

Warenbezeichnung / Désignation des marchandises

Anzahl / Quantité	kg	Gewicht brutto / Poids brut		Fr.	Ct.
		500 g	café	5	70
		400 g	chocolat à 1.80 + 95	7	75
	1	000	ananas	4	85
		250	ovomaltine	2	40
		500	noix	1	60
		250	figue	–	95
		250	datte	1	20
		500	graisse	3	05

Für eventuelle Zollerhebungen im Auslande müssen wir jede Verantwortung ablehnen. Nous déclinons toute responsabilité pour la perception éventuelle de droits de douane à l'étranger.	port 2.90 emb. 1.30 Fr.	25	50
	Porto und Verpackung - Port et emballage	4	20
	Fr.	29	70
	Versicherung - Assurance 2 %	–	60
	Total Fr.	30	30

1.25

Preisänderungen vorbehalten - Sous réserve des changements de prix.

29.05

Spediert am: / Expédié le:

Im Falle einer Reklamation bitte diese Quittung vorweisen.
En cas de réclamation veuillez présenter cette quittance.

Liebesgaben Paket

Als wir drei (Mutti, Dieter und ich) aus dem Übergangslager Pöppendorf ins Flender-Lager II kamen, wohnten wir anfangs mit vielen Flüchtlingsfamilien in einem großen Saal – alle bekamen Strohsäcke. Auf diesen schliefen wir auf dem Fußboden. Erst später erhielten wir Etagenbetten aus Metall. Nach und nach wurde der Saal aufgeteilt, so dass zunächst vier, dann zwei Familien in einem Zimmer zusammenlebten, bis endlich jede Familie einen eigenen Raum bekam. In diesem stand eine Brennhexe. Einen Wasserhahn mit Kaltwasser gab es auf dem großen Flur in unserer WB II für 8 Familien.

Im Lager gab es eine relativ gute Infrastruktur: Ein Kindergarten wurde eingerichtet – geleitet von einer wunderbaren Kindergärtnerin: Charlotte John. *Tante Lotte* zog oft mit ihrer kleinen Kinderschar an unserem Fenster vorbei. Unsere Nachbarstochter, die auch noch im Kindergartenalter war, hatte das Grüppchen oft beobachtet und sehr beneidet. Sie bettelte ihre Mutter an, sie möge sie auch dort hinbringen. Das tat die Mutter und *Klein Erna* war glücklich. Anfangs hatte Tante Lotte keinerlei Schaufeln oder Eimer. Sie konnte irgendwoher ein paar Teelöffel ergattern. Damit schippten die kleinen Kinder in der Erde vor dem Kindergarten im Sand. Nach

Tante Lottes Kindergartengruppe

und nach kamen Spielsachen und Spielgeräte hinzu. – Ich selbst half eine Zeitlang als *Hortkind* mit und lernte dadurch viele schöne Kreisspiele und Lieder kennen. Tante Lottes Liederschatz war offenbar grenzenlos. Einige dieser Lieder habe ich bis heute behalten.

Auch einen Kaufmann (Fam. Görke, später Fam. Teske) gab es in unserem Lager und einen kleinen Kurzwarenladen – irgendwie ein kleiner *Kaufmann für alles.* Wir Kinder liebten die Glanzbilder bzw. Oblaten. Es entwickelte sich sogar ein kleines *Tauschgeschäft* unter uns Kindern, z.B. ein Blumen-Glanzbild gegen 2 Obst-Glanzbilder. Man konnte mit diesen Bildern auch wunderbar die Poesiealben verzieren. So war es klar, dass z. B. zu dem *melancholischen* Spruch *Hinter einem Eisengitter liegt ein Herz und weint so bitter, gehe hin und mache Licht; denn es heisst Vergissmeinnicht* eine Oblate mit einem Vergissmeinnicht eingeklebt wurde.

Außerdem gab es in unserem Lager noch eine Kantine – eine Art *Café*, in dem es allerhand Getränke (auch alkoholische) gab. Hier trafen sich oft die Jugendlichen und pflegten dort ein gemütliches Beisammensein. Dann gab es noch einen Fleischer und einen Fischladen. Die Nachkommen dieses Fischhändlers sind heute immer noch auf den Wochenmärkten anzutreffen.

Am liebsten aber mochte ich den Milchladen. Der Grund hierfür: Es gab hier nicht nur Milch, sondern auch Sirup. Wenn meine Mutter mich dorthin schickte, damit ich Sirup einkaufe, schnappte ich mir unseren Henkeltopf und eilte damit in diesen Laden. Die Milchfrau nahm meinen Henkeltopf, holte mit einer Schöpfkelle Sirup aus ihrem Sirup-Fass und ließ ihn in meinen Topf laufen. Ich konnte mich nicht satt sehen an diesem Anblick und hätte mich am liebsten selbst anstelle des Topfes unter den herablaufenden Sirup gestellt, meinen Mund geöffnet und die süße Pracht in mich aufnehmen wollen. Frau Birkholz amüsierte sich sichtlich über meinen Gesichtsausdruck – die Augen verfolgten richtig den Verlauf des herabfließenden Sirups. Und kaum hatte ich die Ladentür geöffnet, steckte ich draußen einen Finger in den Sirup und schleckte davon bis ich vor unserem Fenster angelangt war. Wir hatten es uns angewöhnt, vom Milchmann aus nicht über das Lagergelände zur Baracken-Eingangstür zu gehen, sondern lieber den kürzeren Weg, also *hinten herum* entlang bis zu unserem Fenster. Dort konnte ich meiner Mutter den Sirup durch das Fenster zureichen.

Mutti und ich vor unserem Barackenfenster

Hier habe ich noch ein altes Foto von unserem Zimmerfenster im Lager gefunden. Vor dem Fenster steht unsere liebe Mamutschka, daneben ich und vor mir eine kleine Nachbarstochter. Im Zimmer sitzt unser *Besuch* – mein Vater.

Hier trage ich bereits meine ersten Nylon-Strümpfe. In der damaligen Zeit ging man noch zum Reparieren von Laufmaschen in einen speziellen Laden – sogen. *Laufmaschen-Express* – und ließ sie aufnehmen. So hatte man wieder heile Strümpfe. In unserem Lager übernahm unser *Oblaten-Kaufmann* diese Funktion – für mich also sehr praktisch – einfach nur um die Ecke!

Weihnachten 1953 im Flenderlager

So versuchten Lagerbewohner sich vor Kälte zu schützen

Weihnachten 1954 im Flender Lager

Adenauer besucht das Flender Lager II

Weihnachten 1958 in einer richtigen Wohnung

Das Wunder von Paris

Wohl jeder wird mit dem Begriff *Das Wunder von Bern* etwas anfangen können. Diese erste Weltmeisterschaft für Deutschland war 1954 Balsam für die Seelen vieler Menschen. Nach Kriegsende zum ersten Mal Weltmeister! – Ich aber kenne AUCH noch *das Wunder von Paris.* Warum, das erkläre ich hier:

Als wir in unserer Notunterkunft in Danzig in der Herbert-Norkus-Straße lebten, passierte eines Tages etwas Schlimmes:

Meine Schwester Gisela hatte Kopfschmerzen und hatte sich im Unterrock auf das Bett gelegt. Plötzlich sahen wir auf der Veranda hinter der Gardine Schatten … – vier Männer. Und tatsächlich drängten sie in unser Zimmer hinein: Vier Rotarmisten in Uniform. Sofort entdeckten sie Gisela und stürzten sich auf sie. Sie schrie, meine Mutter schrie. Sie forderten die beiden auf, ruhig zu sein. Einer der Soldaten warf Gisela über seine Schulter – wie einen Kartoffelsack. Sie gingen mit ihr hinaus auf die Straße. Ich sehe diese Bilder so deutlich vor mir. Ich stand vor der Haustür auf dem Treppenabsatz – wie erstarrt. WAS passierte da mit meiner Schwester?!

Der polnische Junge Zwawek, der mit in unserem Haus wohnte, schnappte sich Giselas Rock, lief damit auf die Straße und wollte ihn ihr geben. Doch die Soldaten trieben ihn mit Gewehrkolben zurück.

Paris 1958

1958 im Hoffnungspark Lübeck

1958

Irgendjemand riss mich dann vom Treppenabsatz in den Flur heinein. Ich kann heute nicht mehr sagen, WER es gewesen ist. Alles war so rätselhaft für mich und so furchtbar beängstigend.

Die Soldaten schleppten Gisela in ihre Kaserne, die nicht weit von unserer Unterkunft entfernt war. Erst sehr viele Jahre später konnte Gisela mir ein wenig erzählen, was ihr an dem Tag und in der Nacht alles zugestoßen ist. Die Ärmste!!

Am nächsten Morgen brachte ein russischer Offizier meine Schwester zurück und entschuldigte sich bei meiner Mutter für das Verhalten seiner Kollegen. – Er versorgte uns hinterher noch des öfteren mit Lebensmitteln – wohl eine Art Wiedergutmachungsversuch.

Meine Schwester Gisela wünschte sich schon immer ein Kind. Schon von ihrem Verlobten hätte sie am liebsten ein Kind haben wollen, bevor er als Marineleutnant zum U-Boot-Einsatz aufs Meer musste. Dieser war jedoch etwas ‚vernünftiger' als sie und beteuerte, dass ‚das' nach seiner Rückkehr besser wäre.

In ihrem Gedichtband hat sie innerhalb einer Schilderung ein Boot aufgemalt, dazu Möwen und eine Bank unter einem Baum. Darauf hatten beide wohl zuletzt gesessen. Auf das Schiff schrieb sie das Datum 27.1.1945. Das war der Tag ihres letzten Treffens. Aus ihren weiteren Gedichten spricht immer wieder die Hoffnung, ihr geliebter Jupp möge noch am Leben sein.

Als sie dann in Göhren die Nachricht von seinen Eltern erhielt, dass Jupp mit dem U-Boot untergegangen sei, schmiss sie sich bäuchlings auf ihr Bett und weinte bitterlich, hemmungslos. Ihr Körper schüttelte sich vor Weinen. Ich stand wie gelähmt davor und konnte gar nichts machen, konnte sie nicht einmal trösten. Ich war nur unendlich traurig, dass meine liebe Schwester so sehr leiden musste. Ich war damals 6 Jahre alt. Dieses Erlebnis werde ich nie vergessen.

Später erfuhr Gisela von ihren Ärzten, dass sie aufgrund der inneren Verletzungen nie Kinder bekommen könne.

Damals suchten sich viele Menschen Arbeit im Ausland, weil bei uns eine große Arbeitslosigkeit herrschte. Gisela fand zunächst in Genf eine Arbeit, später dann in Paris. Dort war sie so weit, dass sie sich wieder neu binden konnte. Und dann – völlig unerwartet geschah das große Wunder: In Paris bekam sie DOCH ein Kind – eines, das sie sich immer so sehr gewünscht hatte:

So wurde ihre Francoise geboren – für mich – *das Wunder von Paris.*

Fiktiver Brief an Benjamin vom 9. November 2016 – Bombennächte in Danzig –

Ja du, mein lieber Benjamin, dir und Francoise, deiner lieben Frau Mama, hatte ich auf euer wiederholtes Bitten versprochen, ein wenig über unsere Zeit in Danzig während des Krieges und der Flucht aufzuschreiben – also über die Zeit NOCH IN Danzig und danach, d.h. die Zeit in den Flüchtlingslagern, besonders die in dem einen, dem Flender-Lager II in Lübeck-Siems, in dem wir immerhin 7 Jahre lebten – alle in einem Barackenzimmer / ein Wasserhahn mit Kalt-Wasser auf dem langen Flur für 8 Familien.

Insgesamt geht es um einen kurzen Zeitraum, doch mir erscheint er in der Erinnerung wie der längste Abschnitt in meinem Leben, weil ich ihn wohl SO intensiv erlebt habe. So viele Bilder aus der Zeit stehen vor meinem Auge, als sei alles erst vor kurzem geschehen.

Noch in den ersten Monaten des Jahres 1945 erlebte ich die Bombennächte immer wieder wie einen *magischen Ablauf*. Das Geräusch der grellen und unwahrscheinlich lauten Sirene habe ich heute noch im Ohr. Dann wurden wir mitten in der Nacht aus unseren Betten geholt, wir, die beiden *Kleinen* unserer Familie, Dieter (6 Jahre) und ich (5 Jahre). Die älteren Geschwister zogen uns in Windeseile ein paar wärmende Kleidungsstücke an. Ich sehe Dieter gerade vor mir, wie er lauthals schrie. Gisela setzte ihn auf einen kleinen Schuhschrank im Flur unserer Wohnung in Danzig-Langfuhr. Dort saß er heulend, sich mit einer Hand die Tränen aus den Augen wischend, und er musste doch alles mit sich geschehen lassen. Rasch griff er sich einmal, als wir hinausliefen aus der Wohnung in den Hausflur, einen Kasten mit einem Puzzle-Spiel, rannte dann wie wir alle auch die Treppe hinunter. Aber plötzlich fiel ihm das Spiel aus der Hand. Alle Einzelteile lagen verstreut auf der Treppe. Unser Dieterchen hockte sich hin und versuchte, die Teile in aller Ruhe aufzusammeln. – Doch dann riss eine Hand ihn fort auf die Treppe, die in den Luftschutzkeller führte. Wieder war es Gisela, die die gefährliche Lage im Auge hatte. Sie zerrte Dieter mit sich fort – nur hinunter in den hoffentlich schützenden Luftschutzkeller-Raum.

In diesem Raum saßen bereits andere Menschen aus unserem Haus, familienweise eng aneinandergeschmiegt. Allen schaute die Angst aus den Augen. Irgendjemand hatte ein Radiogerät bei sich (anfangs glaubte ich, die Stimme komme aus der Kellerwand), und wir vernahmen: *Aaaachtung, Aaachtung, Luftangriffe über Danzig und Westpreußen – wir kommen wieder – H. H. <~~~ DEN Namen auszuschreiben, weigere ich mich, lieber Benjamin.* – Ich kann noch heute ganz genau die Klangmelodie dieser Worte wiedergeben… – Das *A* von *Achtung* war sehr, sehr langgezogen. Diese Worte sind wie in mein Ohr eingeprägt.

Lothar konnte eine kleine Bank erwischen, auf der er selbst und Dieter und ich neben ihm Platz fanden. Mutti, Gisela und Traute hockten irgendwo an der Wand auf gefüllten Säcken oder Kisten. Ich weiß noch, dass Lothar in der Mitte zwischen Dieter und mir saß. In meiner Erinnerung kommt er mir schon viel älter vor als er damals war. Er war ja erst 10 Jahre jung – aber er war derjenige, der Dieter und mich in viele Spiele mit seinen Kameraden auf der Straße vor unserem Haus oder auf dem Hof hinter dem Haus mit einbezog. Im Winter baute er einen Schneemann mit uns baute, wobei er es schaffte, riesengroße Schneebälle zu rollen, die mich faszinierten. Und ER war es, der unsere Familie mit Lebensmitteln versorgte, die er aus den Kellern zerbombter Häuser herausholte. Er wagte es, für seine Familie in diese Kellerräume zu steigen – mit Vorsicht natürlich, damit keine Mauerstücke nachbröckelten und ihn verletzen konnten. Er fand immer wieder irgendwelche Konservendosen, Mehl- und Zuckervorräte und einiges mehr. Aber darüber hatte ich ja bereits berichtet.

Der schönste Moment während dieser Bombardements war immer wieder, wenn Entwarnung gegeben wurde, wir den Keller verlassen und die Treppe hinaufgehen konnten in unsere vertraute Wohnung – Wärme, Schutz, Geborgenheit – was wollten wir mehr!

Mein größter Wunsch für euch alle:

Möget ihr alle vor Kriegswirren verschont bleiben!!!

Fiktiver Brief an meinen Bruder Lothar

Hallo, Lothar, mein liebes Brüderchen,

Ich muss dir doch unbedingt erklären, dass ich es kaum begreifen kann, dass damals, als du endlich im Rahmen der DRK-Familienzusammenführung aus Danzig zu uns nach Lübeck kamst, weder Mutti (selbst Mutti nicht!!) noch ich dich wiedererkennen konnten! Das ist und bleibt mir unfassbar! – Ich weiß noch, dass Dieter und ich draußen mit anderen Lagerkindern spielten. Da kamt ihr drei, Papa, Traute und du von der Straßenbahn-Haltestelle direkt vor unserem Lager auf unseren Baracken-Eingang zu. Ihr alle drei winktet mir zu, seid dann aber sofort in die Baracke hineingegangen. Später habe ich erfahren, wie deine erste Begegnung mit unserer lieben Mutter nach 4 ½ Jahren Trennung ablief:

Du klopftest an die Tür. Traute und Papa versteckten sich solange in dem einen Verschlag auf dem Flur. Mutti öffnete und du batest sie, sie möge doch zum Kaufmann ans Telefon kommen. Damals hatte im Lager niemand von den Bewohnern ein Telefon – und auch nur sehr wenige ein Radio. Es sei ein wichtiger Anruf für dich. Mutti aufgeregt: „Oh, da muss ich mir schnell die Schürze abbinden“, tat es und wollte hinauslaufen und zum Kaufmann gehen. Doch dann sagtest du nur EIN Wort: *Mutti …*

Mutti und dir schossen die Freudentränen in die Augen, und ihr beide lagt euch lange und fest in den Armen. DEN Moment, lieber Lothar, hätte ich ja gern persönlich miterleben wollen. SO eine Wiedersehensfreude! Aber du hattest dich in den 4 ½ Jahren so sehr verändert – vor allem warst du sehr groß geworden –, dass selbst unsere Mutter dich nicht wiederkennen konnte. Das klingt fast unglaublich, was?!

Kurz danach ging ich in den Flur. Da kamst du mir mit ausgebreiteten Armen entgegen und fragtest mich: „Erkennst du mich denn gar nicht wieder? Ich bin doch dein Bruder – Lothar!“ WAS für ein wunderbarer Moment für mich! Auch wir beide lagen uns sofort in den Armen und freuten uns riesig, wieder gemeinsam mit der Familie durchs Leben gehen zu dürfen. Jetzt endlich konntest du mich auch vor frechen Lager-Jungens beschützen, denen ich schon oft gedroht hatte: „Wartet nur, wenn mein großer Bruder erst hier ist, dann aber …“

Aus dem Diarium (Gedichte und Berichte aus den 40er Jahren) von GISELA:

Der UMSTURZ 1945

Als 1945 der Krieg zu Ende war,
folgte eine Zeit elend und rar.
Unser Haus war ausgebrannt,
wir standen davor mit leerer Hand.
Jeder suchte ein Plätzchen sich.
Auch wir fanden eine Wohnung, die herrenlos stand:
Eingeschlagene Schränke, kaputte Bänke,
umgestoßene Stühle, auf dem Teppich totes … ? …,
Müll, Scherben, … ? … und Dreck wie noch nie,
alles, was man sich konnte denken,
nichts stand mehr auf den Tischen, nichts in den Schränken.
Doch unter fleißiger Hand kam bald alles wieder instand.
Das war das Plätzchen, wo nach der Olivaflucht man sich fand.

Ein Obstgarten gehörte zum Haus,
das gab im Sommer einen schönen Schmaus.
Doch als der kleine Vorrat an Essen war aufgebraucht,
standen wir vor leerem Herd.
Kaufen konnten wir nichts, denn das deutsche Geld hatte keinen Wert.
So waren wir gezwungen, den einzigen Rucksack, den wir gerettet mit Sachen, für Essereien leer zu machen.
Wir gingen auf den sogenannten Schwarzmarkt, was uns zwar komisch vorkam,
doch ein jeder für Fett, Brot oder Geld uns die Sachen abnahm.
Natürlich mussten wir der Miliz aus dem Wege geh'n,
sonst hätten wir die längste Zeit den Schwarzmarkt geseh'n.

Wir mussten bei Polen Wäsche waschen,
wurden an jeder Ecke von Soldaten geschnappt
zu Aufräumarbeiten und dergleichen.
Ob es am frühen Morgen, nachmittags oder sonst wann war,
wir mussten mit zur Kaserne.
Außerdem brachten auch die Russen uns Wäsche ins Haus.
So ging es tagein und tagaus – wir fanden keine Ruh'.

Eines Tages kam aus Warschau eine Familie her,
denen gefiel die Wohnung gar zu sehr.
Ein Zimmer liessen sie uns zu Gnade,
doch bald war es auch um dieses schade.
Am 3. Weihnachtsfeiertag wurden wir abgeführt,
in 10 Minuten mussten wir fertig sein,
dann ging es ins Narwik-Lager hinein –
ins Jammertal könnte man sagen,
hier gab es ein Weinen und Klagen.
Geschlafen wurde auf Tischen und Bänken,
doch so manch eine Nacht haben wir auf den Schienen verbracht.
In Eis und Schnee, ganz durchnässt, mussten wir Streckenarbeit verrichten.
Nur Schimpfworte, Spott und Hohn waren unserer Arbeit Lohn.

Anmerkung von mir, Bärbel:

Ich erinnere mich noch, dass wir für die Wunden, die Gisela und Traute durch die Schläge gegen die Beine davongetragen hatten, immer Spitzwegerich gesammelt hatten. Der wurde auf die Wunden gelegt, drum herum eine Art Verband. Der Saft des Spitzwegerichs soll gegen offene Wunden helfen, deshalb hatten wir die Blätter auch immer ein wenig eingeknickt, damit der Pflanzensaft schön ‚raustreten' konnte

Erinnerungen von Traute an die Zeit von 1939–1945

Ich war genau 10 Jahre alt, als der Krieg begann. Am 1. September 1939 um 6.00 Uhr wurden wir plötzlich von einem gewaltigen Knall aus dem Schlaf gerissen. Wie wir erfuhren, war das ein Schuss des Schulschiffs „Schleswig-Holstein" in Richtung Westerplatte.

Väter und Söhne mussten in den Krieg. Somit begann für viele Familien eine harte Zeit. Lebensmittel wurden zugeteilt, lange musste man vor den Geschäften Schlange stehen, um überhaupt etwas zu ergattern.

Nicht einfach war es auch für meine Mutter; denn immerhin hatte sie fünf Kinder zu versorgen. Meine älteste Schwester und ich packten kräftig mit an, um unsere Mutter zu entlasten. Im Laufe der Zeit war es auch mit dem Schulunterricht nicht mehr das – mehr Fliegeralarm als Unterricht. Außerdem wurden die Schulen als Lazarett genutzt. So war es um den Unterricht schlecht bestellt.

Es gab Kinder, vor allem Jungen, die diesen Zustand abenteuerlich fanden. Sie fanden es schick – keinen Unterricht, keinen Ärger mit den Lehrern usw.! – Ja, aber dann kam das dicke Ende: Es verging kaum ein Tag, an dem nicht bombardiert wurde, und durch die Lautsprecher hörte man immer wieder den gleichen Satz: „Bitte, begeben Sie sich in die Luftschutzkeller – feindliche Bomber im Anflug auf Danzig".

Inzwischen schon März 1945:

Wir erfuhren, dass die Russen nicht mehr weit entfernt sind. Dumpfes Knallen hörte man von weitem.

Aus den Kellern traute man sich nicht mehr hinaus. Einer klammerte sich an den anderen. Die Angst stand jedem ins Gesicht geschrieben. Da wir ganz in der Nähe des Flugplatzes wohnten, mussten wir besonders bangen, denn den hatten sie speziell im Visier.

Wie geahnt – so geschehen: Ein Bombenhagel traf den Flugplatz. Ich dachte, mir platzt die Lunge. Dass wir da so mit dem Schrecken davongekommen waren, leuchtet mir heute noch nicht ein.

Danach trat eine Feuerstille ein. Die nutzten einige Leute, so auch ich, um einen Blick nach draußen zu wagen. Oh Gott – ein einziger Feuerhimmel in Richtung Stadt! Unser Danzig brannte lichterloh.

Schnell liefen wir wieder in den Keller zurück. Wir vernahmen komische Geräusche – diese wurden immer lauter. Es knackte und krachte von allen Seiten – dann Stimmen – die Russen waren da. Sie kamen mit ihren Panzern über Höfe, Gärten und Zäune hinweg. Daher das Knacken! Sie stürmten unsere Keller und suchten wie besessen nach Uhren und Schmuck aller Art. Meiner Mutter versuchten sie mit Gewalt und Geschimpfe, den Ehering vom Finger zu reißen. Er saß so fest – sie schafften es nicht. Sie wurden wütend. Wir befürchteten das Schlimmste. Letztendlich schaffte es meine ältere Schwester, die dabei den halben Fingernagel verlor.

So, das waren die ersten Russen – gleich kommen die nächsten. Was werden sie wohl mit uns machen? Uhren und Schmuck hatten wir nicht mehr zu bieten. Zusammengepfercht bangten wir um unser Schicksal.

Plötzlich mussten wir alle wegen Einsturzgefahr der Häuser die Keller verlassen. Es bot sich uns ein Bild äußerster Trostlosigkeit – Bilder, die man nicht vergessen und auch nicht auslöschen kann. Wir trauten unseren Augen nicht, wie grau und kaputt alles war: Trümmer, wohin man schaute. Die Geschäfte im Umkreis – ein einziger Schutthaufen. Elektrische Leitungen, Masten und Laternen – alles lag brach da. Der traurigste und herzergreifendste Anblick waren für mich die toten Soldaten – teils mit offenen Augen. Traurig – so etwas als Kind sehen zu müssen. Ja, wir standen nun da in unserer einst so schönen Straße mit den großen Lindenbäumen. Wo sollten wir hin? Wir hatten kein Zuhause mehr. Doch es musste weitergehen. Jeder schnappte sich ein Geschwisterchen und meine Mutter, nicht gerade die kräftigste – oh Gott, wie schaffte sie es bloß! – zog einen Wäschekorb hinter sich her. In diesem befanden sich 2 Wolldecken und 1 Kissen. Wir zogen über Wiesen und Felder. Auch da wieder: tote Soldaten, Pferde und Kühe mit aufgeschwemmten Körpern. Wie konnten wir Kinder das nur verkraften?!

Wir wanderten weiter, bis wir im nächsten Ort eine leerstehende Wohnung fanden, die ihre Besitzer wohl schon längst verlassen hatten. Endlich wieder ein Dach über dem Kopf! Täglich wurden meine ältere Schwester und ich zu Aufräumungsarbeiten herangezogen. Dazu gehörte auch „tote Pferde vergraben“. Zur Belohnung gab es ein Wassersüppchen.

Mein 5 Jahre jüngerer Bruder Lothar war so ein tapferes Kerlchen: Er stöberte in fast ausgebrannten Kellern herum, um für uns etwas Essbares aufzutreiben. Er fand immer etwas. Schließlich bestand immer die Gefahr, in den Ruinen verschüttet werden zu können. So kamen wir doch ganz gut über die Runden.

Man traf dann und wann auch mal auf recht freundliche Russen, z. B. schenkte uns einer – väterliche Erscheinung – einen ganzen, wenn auch sehr verdreckten Kopfkissenbezug mit ganz harten Brotkanten.

Er klopfte mir auf die Schulter und sagte: „Für Matka und kleine Kind". Das war für uns ein Geschenk Gottes. Meine Mutter hatte diese Kanten teils zerklopft, teils eingeweicht, um irgendetwas daraus zu zaubern.

In der fremden Küche, die ja jetzt unsere Küche war, fanden wir noch Mehl und Zucker usw. So konnten wir wieder einige Tage *schlemmen*. Unsere Mütter waren schon einfallsreich – sie waren zu bewundern!

Die Nächte waren immer unruhig. Mit großen Taschenlampen versehen, klopften die Russen an Fenster oder traten die Türen mit Gewalt auf. Immer wieder wollten sie nur eins: „Frau komm mit!" – Das Vergewaltigen, so hieß es, war eine gewisse Zeit erlaubt. Natürlich weigerten sich die Frauen und schrieen um Hilfe. Diese Hilfeschreie hörte man jede Nacht. – Eines Tages war auch das vorbei. Man schlug sich so peut-à-peut durch. Von den Polen, die plötzlich wie die Pilze aus der Erde schossen, wurde man reichlich schikaniert. Man merkte immer mehr: Hier waren wir nicht noch länger erwünscht.

Es wurde Winter – das Weihnachtsfest nahte.

Kurz davor bekamen meine Schwester und ich von der Kommandantur den Auftrag, Oberhemden zu waschen, die reichlich verlaust waren. Doch der Auftrag hatte auch seine gute Seite: Man durfte uns nicht zu anderen Aufräumungsarbeiten einspannen. Also – waren wir schon etwas „Besseres". Ja, den Humor darf man nicht verlieren. Mit Essbarem wurden wir auch reichlich belohnt. So wurde für uns das Weihnachtsfest, sicher das letzte in unserer Heimat, doch noch schön. Wir besorgten uns einige Tannenzweige; Baumschmuck und sogar Lametta fanden wir in diesem Hause – ebenso Kerzen. Es roch so weihnachtlich – anheimelnd. Doch der Schein trügte. Der Heilige Abend und der 1. Weihnachtstag waren den Verhältnissen entsprechend noch schön. Der 2. Weihnachtstag war nicht mehr so:

In aller Frühe bullerte es an der Tür. Zwei Polen befahlen uns mitzukommen. Nur das, was wir anhatten, war unser Gepäck. Noch einen wehmütigen Blick auf unsere Tannenzweige – und ab ging es. Auf der Straße sah man schon ganze Kolonnen Deutscher, die nun endlich auch aus ihrer Heimat raus sollten. Wir wurden für einige Tage ins Durchgangslager – „Narvik-Lager" – gebracht. Ungefähr am 3. oder 4. Januar ging es dann zu Fuß weiter – im knirschenden Schnee (mit ungenügendem Schuhzeug bekleidet) zum Güterbahnhof Danzig. Hier wurden wir in Viehwagen verladen. Wohin es gehen sollte, wußte niemand. – Ganz langsam setzte sich der Zug in Bewegung. Man sang still: „Nun ade, du mein lieb' Heimatland". Es war sehr ergreifend. Kurz vor Stettin wurde die Lok abgekoppelt. Niemand wusste, wie es weitergehen würde. Die Türen wurden aufgeschoben, und man machte eine *Pinkelpause*. Der Hunger war groß und der Durst erst recht. So liefen viele Kinder in das etwas weiter gelegene Dorf, um etwas zu erbetteln und vor allem, etwas Trinkbares zu ergattern. Sie liefen mit ihrem Essgeschirr und Töpfen so schnell sie konnten. Man sah schon einige Kinder auf dem Rückweg – dann geschah, was ich als Schlimmstes und Herzzerreißendstes in Erinnerung habe:

Eine Lok wurde – ohne Rücksicht auf die noch nicht zurückgekehrten Kinder – angekoppelt, und der Zug setzte sich in Bewegung. Mütter rissen sich die Haare vom Kopf und klopften gegen die Türen. Sie wollten rausspringen. Sie wollten zu ihren Kindern. Keiner der russischen Begleitmannschaften reagierte auf die Hilfeschreie. Das waren die Suchkinder, die man später durch das Rote Kreuz wiederfand – oder auch nicht...

Unsere Reise ging weiter bis Lauterbach, von dort mit dem Dampfer nach Gager auf Rügen – ins Gager-Lager.

(Edeltraud Lau – geb. Bach)

Vom Schwarzmarkt in Danzig, den Gisela beschrieb, nun wieder in die 50er Jahre, die unsere Familie überwiegend im Flender-Lager II in Lübeck-Siems verbrachte.

Wie bereits berichtet, hatten wir nach einigen etwas beengten räumlichen Verhältnissen endlich einen eigenen Raum. Er war langgestreckt und etwa 7 x 4 m groß. Wir teilten uns diesen Raum durch eine halbhohe Presspappe-Wand in 2 Räumlichkeiten. Im Fensterraum stand ein metallenes Etagenbett (für Dieter und mich) und ein flaches Bett für Mutti. Im 2. Raum, den zur Zimmertür hin, stand ein weiteres Etagenbett (für Gisela und Traute). Als Lothar aus Danzig kam, bekam er eines davon, solange er bei uns lebte. Traute zog ja bald aus, weil sie Heinz, einen Einheimischen, heiratete. In diesem 2. Raum stand auch ein etwas größerer Tisch, der vor allem als Küchentisch diente, aber auf dem auch die Wasserschüssel zum Waschen stand. Zum Baden schickte unsere Mutter uns, wenn Geld da war, in das Badehaus nach Herrenwyk (das Gebäude steht heute immer noch dort – mit der Aufschrift: *Badehaus*). Ansonsten wurde eine Zinkwanne benutzt, die unser Vater uns besorgt hatte. Von ihm erhielten wir nach und nach ein paar kleine Einrichtungsgegenstände. Ich weiss noch, dass das 1. Stück, das er uns brachte, ein Schemel war. Auf dem konnte man gut Dinge abstellen, aber auch zum Sitzen eignete er sich gut. Außerdem stand in dem Raum noch eine Brennhexe (so ein Herd mit etlichen Eisenringen auf der Herdplatte). Darauf wurde u.a. auch Badewasser erwärmt. Mein Vater besorgte uns aus der Hansa-Meierei, bei der er damals Arbeit fand, eine große Metall-Milchkanne. Die war sehr nützlich, weil wir das Wasser immer aus dem langgestreckten Flur holen mussten. Dort gab es für alle 8 Familien, die in unserer Baracke wohnten, einen Wasserhahn mit Kaltwasser.

Unsere liebe Mamutschka versuchte immer, dass sie unser Zuhause so gemütlich wie möglich einrichten konnte. Das verstand sie blendend. Schade, dass sie es nicht zuließ, dass ich auch 'mal Spielkameradinnen nach Hause einlud. Es war ihr immer *peinlich*, dass wir in einem Barackenzimmer wohnen mussten. Dabei war eine einheimische Schulfreundin, die mich zu ihrem Geburtstag zu sich nach Hause einlud, angenehm überrascht, als sie mich einmal zur Schule abholte, wie adrett es in unserem Zimmer doch aussah.

Im Lager gab es 2 Toilettenhäuschen mit jeweils sechs Toilettenbecken. Zum Glück waren zu der Zeit, da wir dort einzogen, schon Türen – mit Haken – angebracht. Vorher war alles offen. Aber in der Not…

Wie gesagt, war ansonsten die Infrastruktur im Lager ganz gut. Und unser Kaufmann kannte jede der vielen Familien persönlich. Er gewährte allen, *auf Anschreiben* einkaufen zu dürfen. Jede/r bekam dafür ein *Anschreibe-Heftchen*. Konnte man, wenn es Geld gab, seine Schulden begleichen, strich er die entrichteten Beträge aus dem Heft aus. Aber auch DAS war unserer Mutter sehr unangenehm. Wenn sie etwas auf Anschreiben einzukaufen hatte, schickte sie meistens Dieter oder mich zum Kaufmann. Wir sollten ihm sagen, er möge das Ganze *anschreiben*. Uns machte es nichts aus. Wir waren froh, wenn es wieder etwas zu essen gab. Und DAS gehörte einfach zum Alltag dort im Lager. Alle waren davon betroffen.

Wir hatten für unser Lager auch eine ausgesprochen freundliche und mitfühlende Fürsorgerin. SIE war es, die mir damals die 1,-- DM schenkte – das erwähnte ich vorher schon. Und SIE hat es einrichten können, dass Mutti 1953 vom Müttergenesungswerk aus verschickt werden konnte. Das war nur deshalb möglich, weil sie gleichzeitig dafür sorgte, dass wir 2 Kleinen, Dieter und ich, nach Frankreich – zum Aufpäppeln – verschickt wurden. Viele Lagerkinder wurden im Sommer verschickt – nach Schweden, Holland, Norwegen und Frankreich.

Die Verschickung zum Kloster Nette über das Müttergenesungswerk war für unsere Mutter praktisch die einzige längere *Reise*, die sie machte. Wenn ich mir heute ihre Fotos von dieser Reise ansehe: SO gesund und braun gebrannt hatte ich sie vorher nie gesehen. Freue mich noch heute für sie, dass sie das hatte mitmachen dürfen. – In der gleichen Zeit kamen Dieter und ich – mit einem größeren Kindertransport nach Frankreich. In Straßburg wurden wir aufgeteilt. Ich konnte in der Nähe bleiben, in Haguenau, Dieter musste noch eine lange Strecke weiterfahren. Er kam ganz in den Norden, in die Normandie in ein Ferienheim. – Noch heute erinnere ich mich sehr gern an diesen wunderschönen Aufenthalt im Elsass (der sich für mich im nächsten Jahr sogar noch einmal wiederholte). Alle französischen Lieder aus der Zeit habe ich behalten.

Als ich aus Frankreich zurückkam, wurde ich sofort von meinen Lagerfreunden *überfallen*, dass unser wunderbare Lagerleiter, Herr Sperling, in der Zwischenzeit einen Kinder-Mandolinenchor gegründet habe. Herr Sperling sprach mich auch sofort an, ich solle unbedingt mitmachen, aber ich traute mich anfangs nicht, weil ich ja die ersten Unterrichtsstunden durch meinen Frankreich-Aufenthalt versäumt hatte. Aber der Lagerleiter hatte eine gute Idee: Er bat mich, an einigen Tagen in der Woche zu ihm ins Büro zu kommen. Ich bekam eine Mandola, und er erklärte mir all das, was die anderen bereits wussten. So wurde auch ich Mitglied im Kinder-Mandolinenchor von Flender II.

Hier ein Foto von unserem Mandolinen-Übungsraum im Lager. Im Hintergrund die Wappen der dort vertretenen Landsmannschaften.

Mandolinenchor im Flender Lager

Schärpe

Mandoline

Ich weiß noch, dass das Repertoire unseres ersten Konzertes im Kinosaal unseres Lagers (dieser Saal wurde für alle möglichen Zwecke benutzt – er war Gold wert in der Zeit!) überwiegend aus den Heimatliedern DER Länder bestand, aus denen Flüchtlinge sich hier im Flender-Lager II aufhielten. Und ausgerechnet bei einem Lied, das sich ein Kaufmann aus unserem Lager gewünscht hatte (Herr Sperling bekam dafür auch einen extra Betrag für unsere Chor-Kasse), – es war *Märkische Heide* – machten einige von uns kleine Fehler. Wahrscheinlich waren wir gerade deswegen so aufgeregt bei dem Lied, weil wir wussten, dass es ein Sonder-Wunsch war und dass wir das Lied ganz besonders schön spielen sollten. Unserem Lagerleiter lief richtig der Schweiss von der Stirn. Doch es wurde ein schöner Konzertabend für alle. – Dieser Chor war ohnehin ein Gewinn für das Lager. Unser Lagerleiter hatte immer wieder gute Ideen, wie er es den Bewohnern dieser Baracken noch ein wenig schöner gestalten konnte.

Mit meiner Mandoline konnte ich in meinem Leben schon viele Menschen erfreuen, besonders im Rahmen meiner ehrenamtlichen Tätigkeit in der Seniorenbegleitung und der Flüchtlingshilfe. Bin unserem Lagerleiter immer dankbar dafür!

Herr Sperling hatte es auch in zwei Jahren hintereinander organisiert, dass eine internationale Gruppe junger Sozialarbeiter und Pädagogen zu uns ins Lager kam, die sich mit uns Kindern und Jugendlichen beschäftigen sollten. DAS taten sie so wunderbar! Wie genossen wir Kinder diese Zeit! Sie spielten Fußball mit den Jungens, Ausflüge wurden unternommen, sie führten mit uns ein Theaterstück auf und wir bastelten gemeinsam mit ihnen. Ja, sie gingen sogar in einzelne Familien und führten Gespräche mit den Eltern bzw. den Müttern. Wir genossen diese Zeit in vollen Zügen! Und wie vermissten wir diese fröhliche Gruppe, als sie wieder fort musste!

Unter uns Kindern gab es einen fantastischen Zusammenhalt. Noch heute, wenn wir ehemaligen Lagerkinder uns treffen (früher 2 x im Jahr, dann 1 x im Jahr) zählen wir u.a. auf, WELCHE Spiele wir damals im Lager spielten – unendlich viele und schöne!

Herr Fischer, Herr Fischer, wie tief ist das Wasser, Murmelspiele oder *Blinde Kuh, ich führe dich* oder *Kibbel-Kabbel* (mit einem an beiden Seiten angespitzen Hölzchen und einem Stock. Man musste mit dem Stock auf das auf der Erde liegenden Stöckchen schlagen, auf die Spitze, und wenn der Stock hochflog, musste man ihn schnell und kräftig mit dem Stock so weit wegstoßen, wie man konnte. Wer am weitesten traf, hatte gewonnen). Und so wie Kinder in der Stadt abends gern 'mal einen Rundgang um die Häuser machten, um Leute durch Klingeln an ihrer Haustür zu ärgern, zogen wir durch die Baracken und klopften schnell an irgendein Fenster, versteckten uns dann eilig hinter einem Schuppen. Wie freuten wir uns, wenn jemand erschrocken das Fenster öffnete und fragte: *Ist da jemand?*. Haha, natürlich rissen wir uns zusammen, dass wir uns nicht bemerkbar machten. – Also Spielmöglichkeiten gab es im Lager ohne Ende. ENDLICH konnten wir wieder richtig spielen nach den Jahren der Flucht, in der die Angst tägliche Regentin war.

Auch die Hilfsbereitschaft wurde im Lager groß geschrieben. Jeder half jedem, so gut man nur konnte.

Meine Schwester Traute hatte es einmal schriftlich fixiert, WAS man alles erleben musste, weil in den Baracken die Wände zu den Nachbarn hin so hellhörig waren. Alle stellten sich im Winter für die Nacht einen Eimer in den Raum; denn der Weg zum Toilettenhäuschen war zu kalt und dazu so im Dunkeln – grrrr! Da hatte Traute die Idee, dass sie sich, wenn sie *auf dem Pott saß*, den Feuerhaken griff, laut im daneben stehenden Ofen damit herumstocherte und möglichst laut „Kling Glöckchen, klingelingeling …“ sang. Wir anderen mussten immer Tränen lachen! Und natürlich fiel es uns beiden Kleinen gar nicht schwer, unsere große Schwester nachzuahmen. So gab's im Lager oft etwas zu lachen!

Aber jede Familie aus dem Lager sehnte sich danach, endlich in eine RICHTIGE Wohnung ziehen zu dürfen. Natürlich war die Wohnungsnot nach dem Krieg besonders groß. Viele Häuser waren zerstört, und nur langsam wurden durch den sozialen Wohnungsbau neue Häuser errichtet.

Um eine Wohnung zu bekommen, musste man *Punkte sammeln* – man brauchte eine bestimmte Anzahl davon, um erst einmal ein Anrecht auf eine Wohnung zu haben. Solch einen *Punkteschein* habe ich noch in den alten Unterlagen meiner Mutter gefunden. Immer wenn sich irgendetwas Wesentliches veränderte, etwas, womit man dringender auf anderen Wohnraum angewiesen war, wurde das in der Punkteliste vermerkt. Nach und nach wurden die Punkte addiert – bis man genügend hatte. DANN musste der Lagerleiter aber erst einmal freien Wohnraum finden!

Ich vergesse nie, wie unser so um uns bemühte Lagerleiter eines Tages an unsere Tür klopfte. Meine Mutter öffnete und bat ihn freundlich, er möge doch hereinkommen. Dann eröffnete er meiner Mutter den Anlass seines Kommens:

„Frau Bach, was würden SIE sagen, wenn ICH Ihnen sage, dass ich eine Wohnung für Sie habe?!“ Die strahlenden Augen meiner Mutter in DEM Moment werde ich nie vergessen. Ihre freudig-aufgeregte Antwort: „Oh, Herr Sperling, dann würde ich Sie umarmen!“. „Na, Frau Bach, dann tun sie das 'mal!“ – DAS war für uns alle der schönste Moment in unserem Lagerleben.

Wir bekamen – im Rahmen des Barackenräumungsprogrammes – eine 2-Zimmer-Wohnung in Lübeck in der Bülowstraße 19 im 2. Stock. Endlich eine richtige Wohnung – mit Wohn- und Schlafzimmer, mit einer Küche und einem Duschbad! – Für uns alle war das ein Gefühl wie Weihnachten, Ostern und diverse Geburtstage zusammen! SO ging es vielen in der Zeit – bis das Lager Anfang der 60er Jahre aufgelöst werden konnte. Bis zu seinem Lebensende im Jahre 2006 lebte mein Bruder Dieter noch in dieser Wohnung.

Dieses hier ist das älteste Foto, das es von Dieter und mir (Bärbel) gibt – noch aus DANZIG – ca. 1942 – von meinem Lieblingsonkel, Onkel Paul (Bruder von unserer Mutter) aufgenommen. Wir sind dort also ungefähr 2 und 3 Jahre jung.

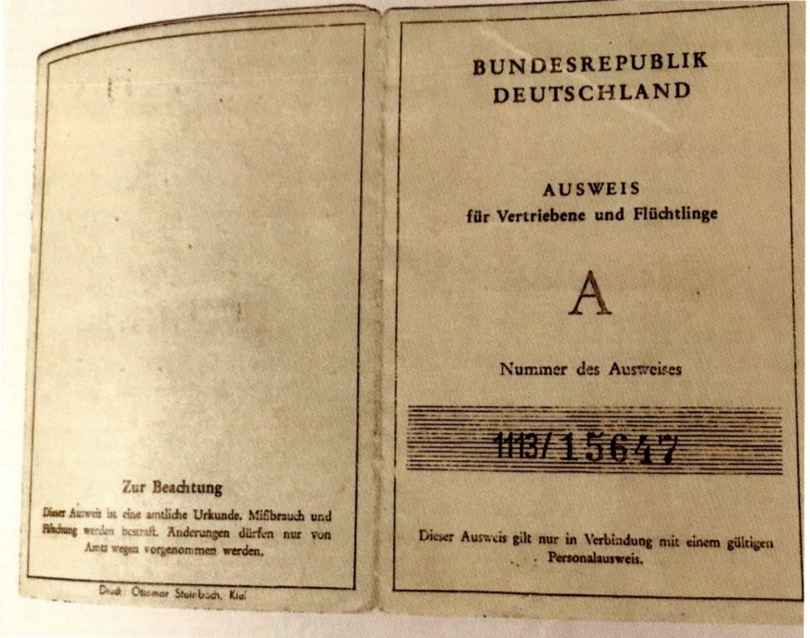

Zur Beachtung

Dieser Ausweis ist eine amtliche Urkunde. Mißbrauch und Fälschung werden bestraft. Änderungen dürfen nur von Amts wegen vorgenommen werden.

Druck: Ottomar Steinbach, Kiel

BUNDESREPUBLIK DEUTSCHLAND

AUSWEIS
für Vertriebene und Flüchtlinge

A

Nummer des Ausweises

1113/15647

Dieser Ausweis gilt nur in Verbindung mit einem gültigen Personalausweis.

Flüchtlingsausweis

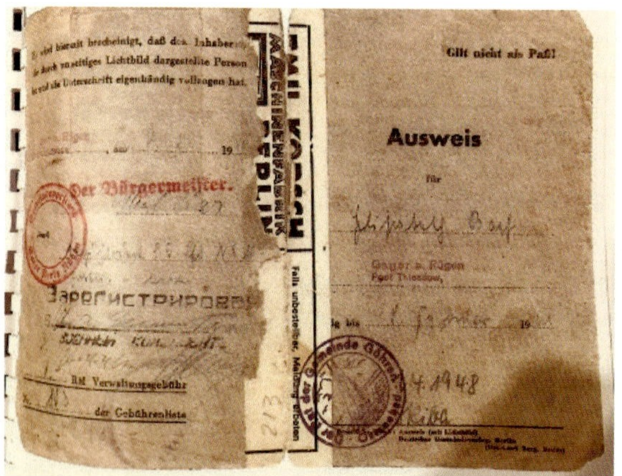

Der Bürgermeister.

RM Verwaltungsgebühr

der Gebührenliste

Gilt nicht als Paß!

Ausweis

für

Ausweise

Noch in Danzig

Vergrämt auf der Flucht

Wieder fröhlich ca. 1955

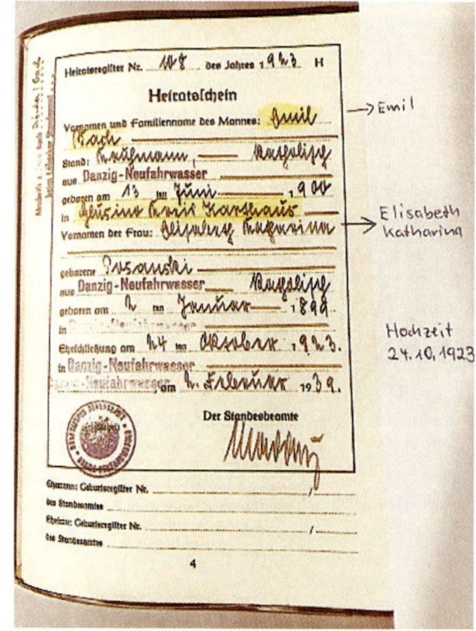
Heiratsregister Nr. 148 des Jahres 1923 H

Heiratsschein

Vornamen und Familienname des Mannes: [illegible] → Emil

[illegible]

Stand: [illegible]

aus Danzig-Neufahrwasser

geboren am 13 ten [illegible] 1900

in [illegible]

Vornamen der Frau: [illegible] → Elisabeth Katharina

geborene [illegible]

aus Danzig-Neufahrwasser [illegible]

geboren am [illegible] ten [illegible] 1899

in [illegible]

Eheschließung am 24 ten [illegible] 1923. — Hochzeit 24.10.1923

in Danzig-Neufahrwasser

[illegible]-Neufahrwasser, am [illegible] 1939.

Der Standesbeamte

[illegible]

Ehemann: Geburtsregister Nr. .... / ....

des Standesamtes ....

Ehefrau: Geburtsregister Nr. .... / ....

des Standesamtes ....

4

Heiratsurkunde

Alle 7 „Bäche“

Dieter, Papa, Lothar (die drei männlichen „Bäche")

Mutti, Gisela, Traute und ich (die 4 weiblichen „Bäche“)

Seltenes Bild: alle 7 „Bäche“ vereint

Bärbel Bach wurde 1940 in Danzig geboren. Einen großen Teil ihrer Kleinkindzeit verbrachte sie mit ihrer Mutter und ihren 4 älteren Geschwistern in Kellern, teilzerstörten Wohnungen und Ruinen.

Nach Kriegsende erlebte sie die Flucht auf die Insel Rügen und später die Weiterfahrt nach Lübeck ins Flüchtlingslager Flender 2.

Die Erlebnisse aus dieser Zeit haben ihr Leben entscheidend geprägt. Sie absolvierte eine Ausbildung zur Bürokauffrau und nach dem Abitur ein Studium in den Fächern Hispanistik, Russistik und Pädagogik, das sie mit dem Staatsexamen abschloss.

Während eines einjährigen Aufenthalts als Stipendiatin an der Universität Barcelona arbeitete sie mit Kindern in den *casas baratas*, dem Armenviertel der Stadt. Über die Erfahrungen in dieser Zeit verfasste sie schließlich ihre Examensarbeit (Francisco Candel: *Dónde la ciudad cambia su nombre – Dort, wo die Stadt ihren Namen verliert*).

Ihre Empathie für Menschen in schwierigen Lebenslagen ließ sie in den Jahren nach 2015 auch engagiert in der Flüchtlingshilfe und in Kinderschutzorganisationen mitarbeiten.

Im fortgeschrittenen Alter hat sie ihre Erlebnisse zwischen Danzig und Lübeck, die sie mit ihrer Familie gemacht hat, in dieser kleinen Broschüre zusammengefasst und damit einen Einblick in die Ängste und Nöte, aber auch den Lebensmut ermöglicht, wie sie hunderttausende von Menschen erleben mussten … Und leider heute immer noch erleben müssen –.

Impressum

Printed in Germany.
Gestaltung: Grafikstudio Schmidt-Römhild, Anna Hilscher
Gesamtherstellung: Max Schmidt-Römhild GmbH & Co. KG, Lübeck
ISBN 978-3-7950-7132-5

Bibliographische Information der Deutschen Nationalbibliothek
Die Deutsche Nationalbibliothek verzeichnet diese Publikation in der Deutschen Nationalbibliografie; detaillierte bibliografische Daten sind im Internet über http://dnb.d-nb.de abrufbar.